フランス人だけが知っている「我慢」しない生き方

世界で一番、自分のことを大切にできる秘訣

クララ・ブラン
Klara Blanc

KADOKAWA

はじめに

Salut（やあ）、クララです。YouTubeやTikTokを見てくれている人、いつも感謝しています。見ていない人、はじめまして！ 私の本に関心を持ってくれて、ありがとうございます。

私はパリ生まれ、パリ育ちのフランス人、クララ・ブランです。日本のことが大好きで、今は日本に住んでいます。会社員として、そしてモデルやコンテンツクリエイターとしても働いていて、今、毎日が幸せです。

そんな私ですが、数年前まで、まったく幸せではありませんでした。むしろ、不幸だったと思います。

親との関係に悩まされ、チャレンジした仕事も全然うまくいかず、大切な友達よりもダメンズな彼氏に依存して、もう、本当に最悪でした。

そんな私でも、その最悪から逃れることができました。**どん底だった私を救ってくれたのは、大好きな国、日本だったのです**。

10代前半からずっと憧れていた日本へ行くことを決意し、その夢を叶えるために一歩踏み出せた瞬間から、すべてが明るく、ポジティブになりました。

▼エフォートレス＝不要な我慢と無理をしないこと

今の私の幸せがあるのは、なるべく「我慢」をせず、自分らしく生きることを心がけているから。**世界で一番、自分を大切にできるのはフランスならではかもしれません**。その幸せな状態を維持するために、私が毎日心がけていることを少しだけ紹介します。

・言いたいことこそ本人に直接言う
・好きな人の好みの服装より「自分らしい」ファッションを楽しむ
・食事は80／20の割合で好きなものを食べる
・（今はいないけれど）恋人とはフェアでヘルシーな関係を築く
・家のあちこちに置いた植物とお話しする
・朝のルーティンの最後には、大好きなコーヒーを1杯飲む

それほど特別なこと、高度なことはしていません。

そして、私よりもきちんとした毎日を過ごしている人はたくさんいると思います。礼儀正しく、時間に正確で、ヘアもメイクもファッションもいつもきちんとしている、といった具合です。

特に日本にいて感じるのは、自分の主張を通すより、周囲との調和のほうを優先し、そのための言葉のチョイスも素晴らしい人が多いことです。

その正確さや真面目さ、優しさが日本の文化を支えていると思うし、日本の方々を私は尊敬しています。

ただ、日本で暮らしていて、**日本の方々は、もう少しエフォートレスに生きてもいいのかな**と感じることもあります。

この本を書いてみようと思ったのも、エフォートレスになるためのいくつもの方法のうち、私のやり方を知ってもらって、もしもその中に「これはいいかも」と感じてもらえるものがあればいいなと考えたからです。

ちなみに、エフォートレスとは、エフォート（我慢）がレス（ない）こと。**不必要な我慢や無理をしない**ということです。

ありのままの自分を大切にしているから、自然体でいられるし、我慢も無理もしません。必要ない「やらなきゃ」は徹底的に排除しています。

▼なんでも「完璧」にしなくていい

たとえば、服にアイロンをかけないこと。**私はアイロンを持っていません**。なぜなら、いつでもパリッとした美しい状態をキープする必要はないと考えているから。

それから、毎日献立を考えないこと。**私はほぼ毎日同じものを食べています**。飽きないし、栄養もたっぷり摂れているので、自分が好きなものを食べて過ごしています。

また、髪を巻かないこと。**私は髪を巻くコテがどうしても上手に使えません**。プロもいますし、私自身は巻くのが不得意だっていいと思っています。したい日があればしますが、普段は「いいや」と思って、やりません。

これらは私が絶対に「やらなきゃいけない」ことではないし、「無理にやらなくてもいい」と思っていることです。

私にとっては、優先順位の低いこと、やらなくてもいいことを無理してやらないこと。それが、エフォートレスです。

ただ、エフォートレスとは、自分を雑に扱うこと、自分を粗末にすることではありません。**自分自身のことが大切だからこそ、しなくていい我慢はしないし、必要のない無理もしないのです。**

だから、ときおり、こんな風に感じることもあります。真面目な人たちは、完璧でありたいから完璧であろうとしているのではなく、**どんなに些細なことでも完璧にやらなきゃいけないと思いこんでいるのかな、と。**

▼日本で暮らして行き着いた「エフォートレス」な人生

今思うと、私がパリで最悪の日々を過ごしていた時期は、エフォートレスであることを止めて、かなり無理をしていて、だから、とても辛かったです。

この本では、**私が取り戻した、幸せをもたらすクララ流のエフォートレスに過**

ごすコツをお伝えしたいなと思っています。簡単に本の内容を紹介します。

第1章は、**今、私が幸せな理由**を、私なりに考えてまとめたものです。パリでの経験や私が日本へ来ることになったきっかけも振り返っています。

第2章は、**私の毎日のルーティン**について。朝と夜のちょっとした習慣と、パリジェンヌが大好きなものを紹介しています。日常を少し変えてみたいと思っている方は、この章からどうぞ。

第3章は、**スキンケアやファッション、食事**について。どこをエフォートレスにしていて、どこを大切にしているかを、具体的なブランドやアイテムとともにお伝えします。

第4章は、**恋人、友達、そして家族といい関係を維持する方法**について。恥ずかしい昔話もあるけれど、包み隠さずに明かします。

第5章は、**仕事**について。正直に言うと、仕事についてはエフォートレスじゃない部分がたくさんあります。けれど、日常において我慢も無理もしないからこそ幸せでいられて、それによって全力を注げているのだと思っています。

第6章は、**クララの「これから」**について。将来の私が「昔は幸せだったけど、今は幸せじゃない」と思わないですむように、今、考えていることと新しい挑戦について書いています。

この本を読んでくれるみなさんが、決して私のように「エフォートレスにならなきゃいけない」わけではは、ありません。なにが幸せか、なにをしたいか、なにはしたくないかは、それぞれの人が決めることだからです。

ただ、読んでみて「そうかも」と思ったものがあったら、採用してもらえるとうれしいです。

はじめに……2
エフォートレス＝不要な我慢と無理をしないこと……3
なんでも「完璧」にしなくていい……6
日本で暮らして行き着いた「エフォートレス」な人生……7

第1章

最高の人生は、自らつかみ取りに行く

自分史上、今が一番幸せなワケ……18
最高の人生に必要なのはエフォートレス＆ヘルシー……21
パリ生まれパリ育ちのモデル……26
我慢と無理ばかりの辛く苦しかった10代……29
ヘルシーじゃなかった私を救ってくれた日本……32
偶然の出会いが私に夢を持たせてくれた……35
ないチャンスはつくりだし大きな夢は少しずつ叶える……38
夢が叶うと次の夢を叶えたくなる……42

幸せとは目指すものではなく「そう」あること……45

第2章 小さな幸せを増やす毎日のルーティン

「ルーティン」は心身を心地よく整えてくれる……50
継続は心身の健康のバロメーターになる……53
朝はロケットのように飛び起きる！……55
植物に水をあげて話しかける……58
朝の2時間半はゴールデンタイム……61
脳と体は「ヨガ」でしゃきっと目覚めさせて……65
夜はベリーダンスへ出かける……67
くつろげる場所を部屋の中にいくつもつくる……69
掃除はあえてルーティン化しない……73
部屋を好きな香りで満たすのは自分への「ギフト」……75
体にいいなら同じものを毎日食べたっていい……77

シャンプーは5～6種類の中から選ぶ……81
疲れたら寝る！　リネンがパリッとしていれば最高……84
完璧じゃない日も決して落ちこまない……86

第3章 自分らしさを貫くエフォートレス・ビューティ

フランス式美容は「エフォートレス」が基本……90
メイクよりスキンケア、高級ブランドより医薬品……93
ヒップにセルライトがあってもいいじゃない？……96
モデル＝痩せているべき、という思いこみからの卒業……99
食べたいものは80／20の法則で楽しむ……101
私が服を選び、服が私をつくる……103
初デートやプレゼンでは「強く見える服」が必要……106
そのジュエリーはあなたを強く見せる「武器」……109
憧れの人は「おばあちゃん」と「冨永愛さん」……113

第4章 もっと自分が大好きになる「恋愛」と「人間関係」

恋愛も人間関係もヘルシーが一番！……118
ヘルシーな二人だからヘルシーな関係が構築できる……120
あなたの恋人は「あなた」だけ……122
結婚しない生活にもたくさんの幸せがある……126
初デートでは少しセクシーで強く見える服を……129
大人の女性に「可愛い」は禁句……132
フランス人は「ロマンティック」がお好き……135
大好きだから別れることもある……137
「依存」という沼から抜け出す方法……139
自分を傷つける人はゴミ箱に捨てる！……143
むやみやたらにモテる必要はない……145
依存やモテることは×、でも頼ることは○……147
親友と食事のときに割り勘にしない理由……149
日本で学んだ、「傷つけない」ものの言い方……152

ヘルシーな関係をキープする「気配り」……155

第5章 夢中になれる4つの仕事のつくり方

自分を形作る4つの仕事について……160
複数の収入源がもたらす精神的安定……163
あると便利なプロデューサー視点……166
高いプライドは成長の邪魔……170
トラブルに備えて「プランB」を用意する……173
チームで勝利を得る達成感を忘れないこと……176
プレゼンは「見てもらう」のではなく「見せてやる」……179
「本音」は丁寧に包んで「ソフト」に相手に伝える……182
怒りの感情は書きまくって消す……185
コンテンツクリエイターとモデルは表裏一体……187
好きなことは得意なことだった……190

発信すると応援者が増え、チャンスも巡ってくる……192
自分の価値観に合わない仕事はしない……196

第6章 私らしく最高に幸せになるために

大きな大きな挑戦は人を変える……202
小さな輝きが集まれば強い武器になる……205
輝くまでの時間も思いっきり楽しんで……209
新しい景色を見るべく挑戦したいこと……211
SNS上でも「完璧なふり」はしない……213
自分を活かせる場所は絶対にある！……217
おわりに……220
巻末特典！ クララのお気に入りリスト、本邦初公開♡……222

STAFF
ブックデザイン／菊池 祐
本文デザイン／今住真由美
カバー・本文イラスト／新井すみこ
編集協力／片瀬京子
DTP／エヴリ・シンク
校正／ぷれす
編集／杉山 悠

第1章

最高の人生は、自らつかみ取りに行く

自分史上、今が一番幸せなワケ

私は今、とても幸せな毎日を過ごしています。どんな人生を送りたい？　と聞かれたら、今みたいな人生、が答えです。

たとえば、13歳のときからずっと大好きだった日本で暮らして、広告のプロデューサーやモデル、コンテンツクリエイターとして、大好きなチームのメンバーと、パッションと意味を感じられる仕事に取り組めていること。

いつも私を元気づけてくれる大好きな友達と食事をしたりおしゃべりをしたり、フランスにいる家族とWhats Appで近況報告をし合うこと。

YouTubeやTikTokの撮影・編集という充実した一日を終えてから、大好きな家の大好きなベッドで眠ることも。

毎朝、育てているグリーンに水をあげたり、大好きな香りのシャンプーで髪を洗ったり、ときどきビッグマックやフライポテト、マックフルーリーで夕食をとったり……。

そして会社のチームで力を合わせてプレゼンに挑んだり、プロデュースしているアトリエルージュというブランドの素敵なジュエリーをどうやって表現するか考えたりしている自分が、本当に本当になりたかった自分で、**なにをしていても、たとえ仕事がうまくいかない日でも、本質的には幸せです。**


私にとって幸せとは、心穏やかに好きなことを繰り返し、それでいて少しずつ少しずつ、目標に近づいていっている「今の状態」なのです。

今が幸せだから「こうなったら幸せなのに」と不満に思うことはありません。

そして、この幸せは私が頑張ってつかんだものであることも、私にとっては最高なことです。

もしも今の毎日が「クララはこんな風に暮らしたいんだね。じゃあ、そんな環境をプレゼントしてあげるよ」というように誰かに用意してもらったものだったり、「おめでとう！　宝くじにあたりました！　いくらでもお金を使えるよ」というように超ラッキーなことに出会って手に入れたものだったりしたら、今ほど幸せを感じられていなかったと思います。

ときどき失敗もしながら、大きく傷つく経験もしながら、それでも、私は幸せになることができました。

最高の人生に必要なのはエフォートレス＆ヘルシー

幸せを手に入れるというと、とても大変なことだと思うかもしれません。でも、私はそのためになにかを我慢したことはないです。

というのも、**フランス語には我慢という言葉はないからです**。英語でいうペイシェント（忍耐強い、辛抱強い）に近い言葉はあるけれど、それは我慢とはちょっとニュアンスが違います。

私の考える我慢とは、そこに居続けたら体も心も壊れそうなのに逃げ出さないとか、私のことを深く傷つける人のそばに居続けるとか、そういうことです。

私はそういったことはしません。なぜなら、そうやってしまって、後悔していることがあるからです。やっぱり、我慢はよくないです。

そして、もうひとつよくないと思うのは、**「やらなきゃ」と自分を追い詰めること**。たしかに生きていく上では、やらなければならないことはたくさんあります。

たとえば、自分を大事にすること、大切な人に大切だと思っていることを伝えること、夢の実現に向けてコツコツ歩み続けること、巡ってきたチャンスは絶対に逃さないことなどは、やらなきゃいけないし、やったほうがいいと思います。

でも、細かいことはどうでもいい。

私を幸せにも不幸せにもしないことには、労力も時間もかけなくていいし、だから「やらなきゃ」なんて思わなくていい。

たとえば、初めてのデートでは可愛らしくしなきゃとか、恋人のためには尽くさなきゃとか、いつも完璧なメイクをしなきゃとか、毎日凝った料理をしなきゃ

とか、それらは必要ないです。

もちろん、自分が心からそうしたくてしているのなら、そうすることが幸せだと思うけど、**いつの間にかそうしなくてはいけないと思いこんでいて、それが負担になっているなら、やらなくていい、やらないほうがいい**と思います。

フランス人は、とにかくエフォートレス。

楽でいるし、自然体でいるし、我慢も無理もしません。必要ない「やらなきゃ」は徹底的に排除しています。もちろん私もエフォートレスです。

アイロンは持っていないし、髪を巻くコテもうまく使えないけれど、それで困っていません。

料理の盛り付けも、レストランで素敵なものを見れば感激するけど、自分でつくって自分で食べるだけなら、全然気にしません。

エフォートレスであることと並んで私が大事にしているのは、ヘルシーである

ことです。

ヘルシーというと、風邪を引いていない状態とか健康診断の結果がオールAとか、ローカロリーの食事や十分な睡眠といったイメージを持つかもしれません。

でも、私の考えるヘルシーはもっと大きなものを意味します。

たとえば、友達や家族といい関係が続いているとか、仕事を頑張れるとか、映画や本を楽しめるとか、部屋がいつも片付いているとか、そういったことも含みます。

「こんなのいや」と思うものがないこと、それが、私の考えるヘルシーです。

そして、そのヘルシーをできるだけエフォートレスにキープするために、私にはルーティンが必要なのです。

パリ生まれ
パリ育ちのモデル

私は、学生時代にＩＴ企業を起ち上げた両親のもと、パリ1区で生まれ、育ちました。

パリ1区は、東京でいうと渋谷区。オフィスや商業施設のほか、カルチャースポットが集まっているので日中はたくさんの人が行き交っています。ルーブル美術館もこの1区にあります。

私が大学と大学院で勉強したのは、マーケティングです。大学院ではラグジュアリーブランドマーケティングを勉強していました。

日本への留学を経験し大学院を修了したあとは、パリのルイ・ヴィトンに就職してデジタルコミュニケーション部で働きました。
語学も好きで一生懸命勉強していたので、フランス語のほか、英語と日本語を話せます。ドイツ語とスペイン語も勉強しました。

モデルの仕事を始めたのは大学生のとき。19歳で初めて日本に来るまではパリだけでなく、ロンドンでもモデルの仕事をしていたことがあります。
これは、私のプロフィールのほんの一部ですが、こうした部分だけを取り出すと「あ、クララさんってこれまでなんの苦労もしていないんですね」といった反応をされることがあります。

ノン。そんなことないです。

たしかに、キラキラした印象のパリ1区がふるさとです。
学生時代に起業していた両親は、会社を売却後、全財産を住居につぎ込みました。だから素敵なアパートメントで暮らせていたのですが、新しい仕事を始めようとしていた両親の修業時代、パパの収入はゼロ、母の収入もかつてほどはありませんでした。

だから、暮らしに余裕を感じたことはありません。

大学と大学院に行けたのは、フランスは学費が無料だから。そうじゃなければ、私は仕事をして学費を貯めてから進学を目指すことになっていたでしょう。

モデルの仕事は、日本への留学費用を稼ぐために始めました。ただしこの仕事が、母との関係に苦しみ、その母との離婚に難航するパパを見守るしかできずにいた私に、さらに別の苦しみを与えることにもなってしまいました。

その新しい苦しみは私にとって、お金についての不安よりもはるかに辛いものでした。

我慢と無理ばかりの辛く苦しかった10代

カフェでアルバイトをしたこともありましたが、最初はモデルの仕事のほうが効率よくお金を稼げそう、なんて考えてました。

でも、モデルエージェンシーに登録して最初の3ヶ月間、仕事はゼロ。オーディションを受けても、まったく合格しませんでした。あとになってその理由がわかるのですが、**そのときの私は、私がほかのモデルに比べて太っているせいだと思いこみました。**

エージェントからも体重を50キロまで減らすようにと言われていました。私は身長175センチです。

体重に関しては、それ以前にうれしくない記憶もありました。

高校生で思春期だった頃は、今よりも10キロ以上太っていたことがあります。

今思うと、普通よりやや太めの体形ですが、そのときの私はそうは思っていませんでした。

服を買いに行くとどれも似合わないような気がして落ちこんだし、何人か同い年くらいの人が集まると、私が一番太っていないかを確かめてホッとして……。

とにかくヘルシーではありませんでした。

その頃、私は怪我をしてしまったことがあり、近所に住んでいた同じ高校に通う男の子のバイクの後ろに乗せてもらって通学することになりました。

そうしたらその友達が「クララは重いから、大丈夫かな」と言ったのです。

傷つきました。

太っているから、ダメなんだ。

その記憶がありありと浮かんできて、オーディションに落ちまくるのも私の体形のせいだと思いました。

そして、絶食に近い極端な食事制限をして、ジムにも通って1グラムでも肉を削ぎ落とそうとしました。

毎日ジムに通って、オーディションを受けて落とされてという生活をしていると、それまでのように大学の友達とカフェでおしゃべりをする時間はなくなります。ストレスもたまり、なにも食べていないのに吐くようになって、体調は最悪でした。

エフォートばかり積み重ねて、ヘルシーじゃないほうへと突き進んでいたのです。

ヘルシーじゃなかった私を救ってくれた日本

そうしていると、**私の周りにはヘルシーじゃない人間関係が生まれていきます**。そう、モラハラな彼氏と付き合い始めてしまったのです。

その頃の私は仕事で苦労しているだけでなく、**母との関係も取り返しがつかないほど壊れてしまっていました**。

母はもともと精神的に脆いところがあって、私を出産した直後も、子育てへの自信がなかったのか、私に触れることができない時期がありました。

だから、その頃、私の世話をしてくれたのはおばあちゃんです。おばあちゃんが私の面倒を見てくれている間、パパは私に会うことができず、とても寂しく苦しい思いを抱えていたそうです。

その母は、私が9歳のときにパパと離婚することになりました。**離婚そのものは、フランスでは珍しいことではありません**。ただ、実際に離婚が成立したのは私が19歳になったとき。10年以上、離婚条件で揉めていたのです。もちろん、裁判になっていました。

結論が出るまで、私と弟はパパの家と母の家を行ったり来たりして暮らしていましたが、あるとき、母と修復し難い関係になり、私は母の家から追い出されました。**以来私は、母の元へ一度も戻っていません**。私は日本へ行くためだけでなく、安全に暮らすためにもお金が必要になったのです。

もちろん、パパは助けてくれました。でもパパも、離婚裁判が長く続いたせいで、裕福とは言えない状態になっていました。

仕事はうまくいかない、家族にも心配事がある。モラハラ彼氏と出会ってしまったのは、そうしたタイミングでした。そのときの私がそのモラハラ彼氏にどれだけ依存していたか、思い出すのも恥ずかしいです。
その頃の私は今の私とは正反対で、一人でいるのがとにかく寂しくて、彼に言われた通りに友達とは連絡を断って、週末になにも予定が入っていないと怖くて、一人では幸せになれないと思いこんでおり、彼がいなくなってしまったら生きていけないと信じていました。

なんてこと！

彼の言動は、私をますます追い込んでいきました。
私はなにもできない、私は幸せになれない、だからモデルの仕事も決まらない、母からも嫌われる、すべてを悪いほうへ悪いほうへと考えるようになってしまいました。

そうしたどん底から私を救ってくれたのが、日本でした。

偶然の出会いが私に夢を持たせてくれた

私が日本を強く意識するようになったのは、13歳のときです。

ファッション関連の仕事をしていた母の知人が、毎年パリで開かれる世界的なファッションイベント・ファッションウィークの山本耀司さんのブランド、ヨウジヤマモトのショーに誘ってくれたのです。

ファッションに興味を持っていた私は、よろこんでそのショーを見に行きました。

びっくりしました。

ヨウジヤマモトの世界観は、それまで私が見てきたファッションとはまったく異なるものだったからです。

私の知っていた女性向けのファッションは、カラフルでフェミニンでエレガント。でも、ヨウジヤマモトは、真っ黒でアシンメトリーでかっこよくて「これが服?」と思わせる、衝撃的なものでした。


かっこいい。素敵。新しい。


そう思った私はヨウジヤマモトの世界にすっかりハマってしまい、ヨウジヤマモトを生んだ、それまでは「遠くにある国」としか認識していなかった日本という国に興味を持つようになったのです。

学校の図書館の本や、今よりもずっと回線速度が遅かったインターネットでも日本のことを調べまくって、日本の作品も手当たり次第に吸収しました。

夏目漱石、三島由紀夫、村上春樹などの作品に没頭し、『源氏物語』や『枕草子』にも夢中になりました。

『DEATH NOTE 大場つぐみ 原作 小畑 健 漫画／集英社』、『NARUTO－ナルト－ 岸本斉史 著／集英社』、『鋼の錬金術師（FULLMETAL ALCHEMIST） 荒川 弘 著／スクウェア・エニックス』、『フルーツバスケット 高屋奈月 著／白泉社』などの漫画も読んで、スタジオジブリの映画も観ました。

学校でなにか発表をする必要があったら、もちろん日本のことです。たぶん、中学・高校のときの同級生に「クララってどんな子だった？」と聞いたら全員が「日本のことが大好きな子」と答えると思います。

日本に夢中になりながら、私は、いつか日本に行けたらいいなと思い、その思いはすぐに**絶対に日本に行く、日本で仕事をして日本で暮らす、に変わっていきました。**

ないチャンスはつくりだし
大きな夢は少しずつ叶える

ただ、残念だったのは、進んだ大学に日本との交換留学の制度がなかったことです。お金もありませんでした。

両親は、学生時代に起業した会社を売却していましたが、そこで得たお金はパリのアパートメントと離婚裁判の費用で消えていました。

じゃあどうする？　諦める？

いいえ。諦めない。

お金は、自分でアルバイトをしてなんとか稼げます。でも、制度がないのには困りました。個人的にルートを開拓するとなると、さらにお金が、そして時間もかかります。そこで、**制度をつくれる立場にある人にしつこくお願いをすることにしました**。

その大学で交換留学を担当していたのは、私のドイツ語の先生でした。私はその先生の講義を受けていたので、顔を合わせるたびにしつこくしつこくお願いをしたところ、その先生は根負けしてわざわざ日本まで足を運び、日本の大学との交換留学制度をつくってくれました！

その交換留学生第1号になったのが、私です。

せっかく日本へ行くのだから、勉強し始めていた日本語は、もっとできるようになりたい。それも、日常会話ができるだけでなく日本語で仕事ができるレベルになりたいと思いました。ということは、猛勉強が必要です。

じゃあ、難しいから諦める？

いいえ、私の日本への思いは、そんな浅いものではありません！

そこで私は、毎朝1時間、日本語を勉強することにしたのです。

朝はたくさんのルーティンがあります。洗顔も歯磨きも、着替えもスキンケアもルーティンです。

そこに、当たり前のように1時間の勉強を組みこみました。

洗顔や歯磨きを忘れる人がいないように、「歯磨きは面倒だからサボろう」と考える人がいないように、**忘れずためらわず取り組めるように、朝1時間の勉強を、私の当たり前にしました。**

当たり前のルーティンになると、もう、1時間の勉強は大きな夢のための小さなステップではあっても、エフォートではなくなります。

昼も夕方も夜も勉強できるときはしましたが、朝の1時間をルーティンとしたことで、実際に毎日、日本語を勉強するようになって、今くらいまで聞いたり話したり、読んだり書いたりできるようになりました。

そうやって前向きになった頃、大事件が起こりました。パリのファッションウィークで、大好きなヨウジヤマモトがショールームを出展すること、そのモデルのオーディションがあることを知りました。

絶対に出たい！　と思いました。

でも、それまでの私はオーディション全敗。パリでも人気のヨウジヤマモトのショーに出られる可能性は限りなく低いのが現実です。

それでも諦めきれなくて、オーディションには、ヨウジヤマモトのファンであることがひと目でわかるファッションや振る舞いで臨み、さらに、日本が大好きなこと、日本語も一生懸命勉強していること、そしてもちろんヨウジヤマモトの大ファンであることもアピールしました。

その結果、合格しました。本当にうれしかった。

夢が叶うと次の夢を叶えたくなる

夢だった日本へ来られたこと。

これは、私にとって大きな自信になりました。私にはできる、と思えるようになりました。**自分を信じる力、それが、日本に来て得られた最大の力です。**

今は、「私ならできる」と思えるから、新しい冒険が楽しくてたまりません。

思えば、日本に来たばかりの頃もそうでした。私が初めて降り立った日本は、思い描いていた通りの日本だったのです。

よく、憧れていたところへ実際に行ってみると、理想と現実のギャップにがっかりするという話を聞きますが、そんなことはありませんでした。

むしろ、想像していたよりも現実の日本のほうが美しくて、親切で、快適で、本当に本当に、来てよかったです。

私は留学先でマーケティングと日本語を勉強しながら、モデルのアルバイトをし、そして、**週末になると冒険に出かけていました。**

パリからはるばる東京までやって来られたのだから、その東京での冒険はなんとかなります。

渋谷、新宿、浅草、谷根千《やねせん》のエリアへ行くのも楽しい冒険でした。カラオケもプリクラも初挑戦。お店でものを買うことも楽しい経験でした。

今振り返ってみると、私はまだまだお客さん気分で、周りの人も「フランスから来ているお客さん」として接してくれていたのだと思います。ちょっと懐かしいです。

横浜、鎌倉、熱海、日光、京都……。訪れる場所はどんどんと広がっていき、

冒険すればするほど、日本のことが好きになりました。

そうしてお客さんとして日本を十分に楽しんだ私は、次の夢を叶えたくなりました。

私の夢は、交換留学制度をつくってくれた先生と、決して「行くな」とは言わず、でも空港で私に初めて涙を見せてボロボロと泣きながら送り出してくれたパパ、受け入れてくれた日本の人たち、そして、私の頑張りによって叶いました。

どれひとつ欠けていても、私は今のように幸せにはなれていませんでした。

日本に来なければ、ダイエットのしすぎであることに気がつかないまま、パリでモラハラ彼氏とずるずると付き合ったまま「本当は日本に行きたかったのに」と泣いて後悔していたかもしれません。

行動してよかった、夢に一歩一歩近づいてきてよかったと思います。

幸せとは目指すものではなく「そう」あること

私にとって、夢は少しずつ近づくべき目標です。叶えればまた別の目標が生まれます。そして、**幸せは目指すものではありません**。夢に近づいている毎日そのものです。ああ、今日も幸せだったと思いながら眠りにつく、そんな日々が続くことが、幸せという状態です。

幸せになろうとして特別ななにかをするのではなく、いつも通りのことができることが幸せです。

朝、しゃきっと起きてルーティンを終えてカフェタイムを楽しんだら、仕事をスタート。

仕事でうれしいのは、一緒のチームのメンバーが頑張っているのを見たとき、メンバーが成功したときです。自分のことよりうれしくなります。

何ヶ月も頑張ったプロジェクトが、納品という形で終わりを迎えると達成感に包まれます。

完了・完成・達成・気配り・原動力、どれも大好きな日本語です。

オフの時間は、大好きな友達からＬＩＮＥが届くと胸がときめきます。一緒に美味しいものを食べると、人生って素晴らしいって思います。フランスにいるパパや弟と話すと心がやすらぎます。

休日は、なんの予定もなければラッキー。平日にはできないことに取り組みます。YouTube用の動画を撮影したり、ジェルネイルを新しくしたり、Netflixでゾンビ映画や日本のドラマ（『大豆田とわ子と三人の元夫』が面白かった）を自身の動画を編集しながら観たり……。

私の好きなこと、私のしたいこと、私を幸せにすることで24時間を埋め尽くします。そんなちょっとしたことの連続が、私を幸せにしています。

1年を通してもそう。春は暖かくなったことを樹木がよろこんでいることがわかるし、私も1年で一番、ファッションを楽しめます。

夏は日差しが強くなって、それが葉っぱの間を通って道に影を落とす。木漏れ日という言葉、とても美しいと思います。夜は花火が上がれば最高。とてもポエティックで素敵なイメージが湧いてきます。

そうそう、洗濯物がよく乾くのも夏のいいところ。

秋になると、道に落ちるのは木漏れ日からいろいろな木の実に変わります。パリでもそうだったなと懐かしくなる季節です。

そして冬は……寒い。寒いからちょっと冒険の回数が減るけれど、家でぬくぬく過ごす口実になって、それはそれでうれしい。

部屋の奥まで光が柔らかく届くのも、冬の好きなところです。そしてクリスマスが過ぎて新年が近づくと、新しいなにかの予感がしてきます。


もし、今、幸せに感じられていない人がいるなら、もしかすると、毎日がエフォートレスではなく、ストレスフルなのではないでしょうか。

だったら、**そのストレスの原因を減らしましょう**。**たぶん、減らせます**。

不必要な無理や我慢をして、しなくていいことをしなきゃいけないと思いこんでいることがあるはずです。それを止めましょう。

そして、自分も周りもヘルシーに変えていきましょう。

第2章

小さな幸せを増やす毎日のルーティン

「ルーティン」は心身を心地よく整えてくれる

はたから見ていると、私の毎日は代わり映えしないと思います。平日も休日も同じ時間に起きて、たいてい毎日同じものを食べて同じものを飲んで、同じようなことをして過ごしているからです。

でも、私はそれをつまらないとは思いません。太陽や星の動きのように、時計の針のように、毎日、同じように動いて過ごせることを、とても自然で幸せだと感じています。その理由はいくつかあります。

まず、ルーティン通りに動くことで、「ルーティン通りにできた」という満足感が得られるから。**心の中にある毎日のToDoリストが、一つひとつチェックマークで埋まっていくような達成感が得られるからです。**

どんな人でも、小さなルーティンを持っていると思います。

たとえば、出社するときは角の店でコーヒーを買うとか、部屋の空気を入れ替えている間に洗濯機をセットするとか、オンラインミーティングの前には歯を磨くとか、そんな風に、です。

小さなことかもしれないけど、そうした決まり事は、自分との約束。**その約束を守る自分が私は大好きで、だから幸せを感じられるのです。**

決まったルーティンで幸せになれるもうひとつの理由は、たいていのことは、ルーティンという自分との約束にすることで無理なく守れるようになることです。

毎日毎日、やらなくてはいけないことがたくさんあります。

実は私は、決まった曜日の決まった時間までにゴミを出すのがとても苦手。私の出したいときに出したい！　と思っていたこともありました。

でもこれもルーティンにしてしまえば、「面倒だな」とか「いやだな」と思うまでもなく、「これは私との約束だから」「決まっていることだから」という理由で、体が自然と動きます。

ゴミ出しのように、どうせいつかはやらなくてはいけないことをルーティンにすると、「やりたくないな」と考えることがなくなるのです。だから、苦手なことを考えるために脳を使わなくてすみます。幸せです。

日本では、春になると桜が咲いて、街も活気づきます。でも桜は「そろそろ3月だから咲こう」「まだちょっと咲きたくないな」とは考えていないはず。

寒い時期を乗り越えて暖かい空気を感じたら、ルーティン通りに咲いていきます。だから、できるだけ私も桜のように生きようと思っています。

継続は心身の健康のバロメーターになる

もうひとつ、ルーティン化のいいところは、それが心身のチェックにもなることです。

すべてのルーティンをいつも通りにこなせれば、それは体も心もＯＫな状態ということ。特別に素晴らしくできる必要はなくて、いつも通りであれば合格です。

でも、もしもルーティンができなかったら?

いつものように星が輝いていなかったら、曇っているのかもしれない。

いつものように秒針が進まなかったら、電池が切れているのかもしれない。

そんな風に、いつもの自分と違うなと気がつくことができれば、すぐにケアもできます。

ルーティンは、いつも私を幸せにするだけでなく、幸せでなくなりそうなことを私に気づかせてくれるアラームでもあるのです。

そして、実は毎日同じルーティンを繰り返しているようでいて、私は毎日、変化しています。成長しています。ほんの小さな変化を実感できて楽しめるのも、同じことを繰り返しているからです。

さっそく、私の毎日をつくるルーティンを紹介します。

朝はロケットのように飛び起きる！

私の毎日はルーティンだらけ。一日の始まりもルーティン化しています。

それは、**ロケットのように起きる**というもの。それが理想。私はほとんど毎朝、スマホのアラームが鳴ってから目が覚めます。

うとうとしながら見上げる窓からは朝のキラキラとした光が降り注いで、おふとんの中もほどほどに心地よくて、まだまだここで寝ていたい……と思ってしまうと、自分に二度寝、三度寝をするスキを与えてしまいます。


だから飛び出します！

もちろん、目を開き、体を起こすのが辛い朝もあります。前の日に遅くまで仕事をしていたときは特にそうです。

でも、辛ければ辛いほど、自分に考える時間を与えると起きなくていい理由ばかりが浮かんできてしまいます。

それに、二度寝して5分とか10分、寝坊をしてみても、その日一日のコンディションはほとんど変わりません。30分とか1時間、長く寝てしまったら、コンディションをどうこうするよりも、二度寝してしまったことを後悔する気持ちのほうが大きくなってしまいます。

だから私は、アラームが鳴ったら、ロケットのようにベッドから飛び出すと決めています。

お姫様のようにおっとりとでも、猫のように優雅にでもなく、ロケットのように。**アラームはクララロケットの点火の合図**。トロワ・ドゥ・アンと数える間もなく飛び出せば、寝ていた自分は過去の自分です。

とにかく、目覚めたままベッドに居続けないこと。目が覚めた瞬間に、クララロケットは点火済み。それなのにベッドでスマホを見ていたら、ロケットが勢いを失ってしまいます。**スマホを触ってアラームを止めるのは、クララロケットが離陸してからで十分です。**

そうして立ち上がってからベッドを見てみると、そこはただの抜け殻のよう。私が次にここに戻ってくるのは、十何時間か経ってからでいいわ、と思えます。

この朝イチのルーティンがうまく決まれば、だいたい、その日一日がうまくいきます。

新しい一日は、なんでもできる一日です。その一日をスタートさせる、最もゆったりした最も自由な朝の時間は、ロケットスタートで始まります。

植物に水をあげて話しかける

朝起きて、最初にすることはなんですか？　**私の場合は、カロラインたちに話しかけることです**。カロラインとは同居している親友のことではなく、私が育てている植物たちです。

私は今、家のリビングには小さなグリーン、ベランダにはオリーブやレモンの木の鉢を置いています。買ったり頂いたりした花を花瓶に活けていることもあります。

そして、そのグリーンのすべてに同じカロラインという名前をつけています。

カロラインとは、パリ時代に私を支えてくれた大切な人の名前。彼女のことを毎朝思い出しながら、カロラインたちに水をやり、話しかけているのです。

カロラインたちは、前の日とまったく同じように見えて変化しています。葉のツヤが増していたり、蕾が開きかけていたり、実が少し大きくなっていたり。

冬を終え、暖かくなってくるとカロラインたちは本当にうれしそう。「元気な私を見て！」という声が聞こえてきそうです。

夏には強い日差しに負けずに白い花を咲かせ、小さな実を結び、それらがだんだんと黄色く、そして大きくなっていきます。

そうした変化を確かめながら「暖かくて気持ちいいね」「元気になってきたね」などと話しかけます。もし、カロラインたちに名前をつけていなかったら、話しかけることはなかったと思います。

ささっと水をあげて終わりにしたり、ときには水やりを忘れて枯らしてしまったりしていたかもしれません。

でも、大切な人の名前をつけたことで、大切に思っているよ、いつも見ている

よという気持ちを伝えるのが日課になりました。

そのカロラインたちを朝一番にケアするのは、カロラインに話しかけながら自分にも「暖かくて気持ちいいね」「元気になってきたね」と確かめながら一日をスタートさせたいから。

変化を見つけ、私も変化しようと思えるからでもあるし、カロラインたちに優しくすることで優しい気持ちになりたいからでもあります。

朝はたいてい、忙しいものです。でも、やらなくてはならないことばかりでぎっしりの朝は、心まで忙しくさせてしまいます。

だから私は、朝ではなくてもいい水やりを、あえて朝、それも朝イチにすることで、私には心の余裕があるんだと確かめています。

カロラインたちとのおしゃべりの時間は、私にとって欠かせない、毎朝のルーティンのひとつです。

朝の2時間半はゴールデンタイム

ロケットのようにベッドから飛び出して、カロラインたちと会話をしたら、次は香りです。

オーガニックのルームフレグランスをスプレーしたり、京都で買ったお香を焚いたりして、私の部屋を好きな香りで満たします。フレグランスもお香もたくさん用意している中から、その日の気分で選びます。

音楽もかけます。これも、その日の気分でランダムに、シャーロット・カルダン（カナダ出身の女性シンガー）やアンジェル（ベルギー出身のシンガーソングライター）、ストロマエ（ベルギー出身の男性ヒップホップアーティスト）、そして大好きな藤井風《ふじいかぜ》（日本のシンガーソングライター）などから選びます。

香りと音楽の次は、スキンケア。

洗顔をしたら、じっくりと時間をかけてスキンケアをします。**カロラインたちに優しくしたあとは、私に優しくする時間**。そんな風に考えています。

外出の予定があればメイクもしますが、そうでなければスキンケアだけ。オンラインミーティングの予定があっても、**相手が会社の仲間だけなら100%、メイクはしないで、すっぴんのまま**です。

そのあと、カフェタイム。

ここまで、起きてから1時間半くらいです。コーヒーは、朝のルーティンをしっかりとやり遂げた私へのご褒美です。

だから、大好きなコーヒーだけど、朝起きてすぐに飲むことはしません。やるべきことが終わってから「クララ、今朝もちゃんとできたね」と思いながら飲むことにしています。

カフェタイムのあと、動画編集も終えるとちょうど仕事の時間になりますが、私にとって、**起きてから仕事が始まる9時半までは、一日で最も私自身を慈しめて、幸せを感じられる時間**です。

毎日はこの2時間半のためにあるし、この2時間半があるから、どんなに忙しくても疲れても、毎日幸せでいられます。

だから、**始業時間までは、緊急でなさそうであれば、仕事関連のメールはチェックしない**ことにしています。

毎朝、アラームを止めたスマホはテーブルの上に伏せたまま。メールを見てしまわないように、です。

そうしているのは一日で最も幸せな時間に仕事を持ち込みたくないからでもあ

るし、大好きな仕事に対しては、朝をロケットのような起床で始めるのと同じように、9時半になったとたんに全力で取り組みたいからでもあります。

ちらっと見てしまいたくなることもあるけど、9時半に全力を出せるように、それまでは仕事を遠ざけておきます。

私は、やるときはとことんやるし、やらないときはとことんやらないのが性に合っています。

脳と体は「ヨガ」でしゃきっと目覚めさせて

毎日ではないけれど、週に何回かするルーティンもあります。主に運動です。**週に4日は、朝、仕事を始める前に運動に出かけるようにしています**。決めていることなので「眠いから行きたくないな」「寒いから休みたいな」とは、基本的にはなりません。

出かける先は、インターネットで検索して見つけた、歩いて行ける範囲のヨガ教室です。9時半の始業までに帰宅するので、結構、早く家を出ることになりますが、これも私のルーティンです。**ヨガは、私の体をしゃきっと目覚めさせてくれます。9時半から全力で仕事をするためにも必要不可欠なルーティンです。**

体が目覚めると、脳もスッキリするような気がしています。

それに、ヨガをしている間は、メールチェックができない！　SNSも見られない！　だから、一人で時間をかけて考えたいこと、忙しくしていると後回しにしてしまうことをじっくりと考えることもできます。ヨガは私にとって、体のための時間でもあり、頭と心のための時間でもあるのです。


それに、朝、街を歩いているとたくさんのインスピレーションがもらえます。


新型コロナウイルス感染症が流行してから、勤務先の仕事はほとんどリモートワークになりました。

それでなくとも私は家にいてもいいのであれば、何日でもいられるくらい自宅が好きなので、家に居続けることが苦になりません。

週に4日のこのルーティンは、私にヨガをさせるだけでなく、**朝の街の様子を通じて、季節の移り変わりをも教えてくれます。**

夜はベリーダンスへ出かける

ヨガのほかにも体を動かすルーティンがあります。それは、ベリーダンスです。ベリーダンスは夜のルーティンで、これも週に4日（4〜6時間）と決めています。**こちらも、行くか行かないかで迷うことはありません。仕事が入らない限り、行くのがルーティンだからです。**

ベリーダンスに出会ったのは、フランスにいたとき。私は健康のために運動は欠かせないという考えのもと、子どもの頃からいろいろなスポーツやダンスに挑戦してきました。サッカーもアーティスティックスイミングも、ジャズダンスもコンテンポラリーダンスもやりました。

でも、すぐに飽きてしまう。**唯一、飽きることなくずっと楽しめたのがベリーダンスでした。**ベリーダンスはもともとエジプトで妊娠中の女性の体を整えるためのものだったそうで、インナーマッスルが鍛えられます。

それに、ベリーダンスはある程度の型をマスターしたら、私なりのアレンジをしてもOKなところも私は気に入っています。

ヨガもベリーダンスも、家ではしません。私にとっては、そのためにわざわざ出かけることが大切だからです。そして、**教室では時間が決まっていることもとっても重要。**

その日のその時間にヨガやベリーダンスをすることは私との約束、**つまりルーティンである以上に、その教室との約束なので、守って当たり前。**守れないのはよほどの事情があるときだけです。

運動がなかなか続かない人は、ジムのクラスに申しこんで、それをルーティンにするといいかもしれません。

部屋の中にいくつもつくるくつろげる場所を

家ではとにかく、リラックス（と、最近はリモートワークの仕事）と決めています。

というのも、私は今の家が大好きだから。**大好きな家では、いつもの自分より幸せな自分でいたいと思っています**。

気に入っているところはたくさんあるけれど、今の家で特に好きなのは、窓が大きくて朝からたっぷり光が入ること。その光は昼になると部屋にあふれて明るすぎるくらいで、どこにも出かけたくなくなってしまいます。

外が明るいうちはカーテンを全開にしています。隣の建物が近いところもありますが、あまり気にしていません。

その家の中には、小さいけれどホッとできる、くつろげる場所をいくつかつくっています。

たとえば、ダイニングテーブルでは食事もするけれど仕事もするので、大好きなカフェタイムはそのダイニングテーブルから離れたところに置いた、小さなテーブルで楽しむと決めています。

そのテーブルからはカロラインたちがよく見えて心からリラックスできます。

ソファもあります。ここは、友達が来たときに使います。テーブルでの仕事に飽きたときに、気分転換のためにこのソファへ移動することもあります。

このほかに、私はハンモックも部屋に置いています。

このハンモックは、動画の編集をするときにだけ使っています。ゆらゆらと揺れながら編集をするのが日課です。

そしてベッドは、食事や仕事の空間から切り離された場所に置いています。

場所を離すことで、自分の中のスイッチを切り替えることができています。

家にいくつもテーブルを置けないとか、ベッドルームとリビングルームが一緒という人もいると思います。

私も、シェアハウスに住んでいたときには、ソファはもちろんハンモックも部屋には置けませんでした。

でも、座る位置を変えるだけでも、自然とスイッチが入り、それが無理なくルーティンにもつながると思います。

掃除はあえてルーティン化しない

部屋を快適に保つには、適度な掃除が欠かせません。

散らかった不潔な空間にいると、うっかり、自分はそういった場所にいるのがふさわしい人間だと思ってしまうこともあるからです。

そうした誤解を防ぐためにも、部屋はいつでもきれいにしておきたいと思っています。そこで、掃除妖怪と呼んでいるルンバを便利に使っています。

ただ私は、何曜日はどこを掃除する、というようなルーティン化はしていません。それでも部屋はいい状態にキープできていると思います。

なぜなら、**私にとって掃除は気分転換**だからです。

コロナ禍のせいで勤務先の仕事がほとんどリモートワークになったことで、私は一日の大半を家で過ごしています。仕事中はずっとパソコンに向かっていて、気がつくと何時間も同じ体勢でいることも。

そこで、仕事の合間に空き時間ができたら、できるだけ椅子から立ち上がることにしていて、掃除妖怪では難しい場所の掃除をするようにしています。まとめてではありません。仕事に戻るのが前提なので、ソファの周りを片付けるだけとか、バスルームの掃除だけとか、**掃除の一番小さな単位を、休憩ごとにこなしています**。

こうすると、座りっぱなしだった体も動かせるし、部屋もきれいになって小さな勝利が感じられて、気分よく仕事に戻れます。

それに、体を動かしていると、座っているときよりもいいアイデアが浮かぶこともあります。

こうしていると、部屋が散らかるより、きれいになるほうが早いので、部屋はいつでも快適です。

部屋を好きな香りで満たすのは自分への「ギフト」

私にとって、香りはリラックスするためにとても大切なものです。

そして、世界で一番リラックスできる場所は家なので、**家にはいつでも大好きな香りを漂わせておきたいと思っています。**

外出先から家に帰ってきたとき「ああ、帰ってきたなあ」と実感できるのはどんなときですか？

ドアを開けて、見慣れた室内が見えたときでしょうか。

靴を脱いで、足の裏で床の感触を確かめたときでしょうか。

家族やペット、カロラインたちに挨拶をしたときでしょうか。

好きな音楽を部屋に流したときでしょうか。

冷蔵庫につくり置きしている冷たいハーブティを飲んだときでしょうか。

朝、部屋を香りで満たしておくと、視覚、触覚、聴覚、味覚だけでなく嗅覚でも、帰宅を実感できます。**ドアを開けた瞬間に大好きな香りがして、大好きな家に帰ってくることができたよろこびがこみ上げてきます。**

たぶんこの幸せは、帰宅したときに変なにおいがすることの不幸を考えると、とてもよくイメージできると思います。帰ってきたとき、ゴミのようなにおいがしたら、せっかく楽しかった外出もだいなしになってしまいますよね。

でも、いい香りがしたら、外出先でのちょっとしたトラブルなどは、その瞬間に忘れてしまいそうです。

そこで私は、午前中から長時間家をあけるときでも、必ず部屋を香らせています。**部屋を好きな香りで満たしてから出かけることは、あとで帰ってくる私に対してのギフトです。**

体にいいなら同じものを毎日食べたっていい

私のディナーは、家で食べるときには基本的に自炊です。**それも、毎日、ほとんど同じものを食べています**。

調理は簡単。刻んだ野菜とチキンをボウルに入れて、電子レンジでチンするだけ。野菜やチキンは、週末の時間があるときにまとめてカットして、1食分ずつ冷凍しておきます。

そのストックから適当に選んで温めたら、それに、塩コショウやオリーブオイルと醤油などを合わせるだけで、立派なディナーになります。

私は野菜が大好き。特に好きなのはトマトで、絶対に冷蔵庫に欠かしません。

ふるさと納税でお気に入りのトマトを取り寄せますし、それだけじゃ足りないので買ったりもします。

買うのは近所のマルシェで、と言えればかっこいいのですが、実際にはオンラインショップで頼んでいます。今の私は、毎日の買い物よりも仕事のほうに時間を使いたいからです。

トマトのほかにはパプリカやきのこが定番。季節によって、そこにさつまいもや白菜が加わります。チキンのかわりにツナやゆでたまごを加えることもあります。

同じ食材で、夏はサラダにすることも、冬は鍋にすることもあります。

食物繊維とタンパク質ばかりなので「ダイエットのためにそのメニューなの?」と聞かれることもあります。

ダイエットのためにほかのものを我慢しているというよりは、これが一番好きだし、美味しいと思うから食べています。

だから無理なく毎日、続けられているし、チンするだけだから調理時間が限りなくゼロに近いのも私にとってはうれしいことです。

いつも同じものを食べても、罪悪感は覚えません。美味しいし、体にもいい食べ物なのだから、毎日食べてもまったく問題ないと思います。

シャンプーは5～6種類の中から選ぶ

朝のルーティンに比べると、夜のルーティンは限られています。**数少ない夜のルーティンのひとつが、入浴です。**私はお風呂は夜に入ります。バスタブに浸かるよりはシャワー派で、**私はお風呂でも香りを楽しんでいます。**

バスルームには、シャンプーをいくつ置いていますか？

そもそも、どんな風にシャンプーを選んでいますか？

私は、少なくとも5～6種類は置いています。それほど高級なものではありません。**ドラッグストアで買えるダイアンボヌールというブランドのシャンプーを**

愛用しています。

ダイアンのシャンプーは見たことや使ったことがある人も多いと思いますが、その姉妹ブランドです。

シャンプーは、髪がサラサラになるとか、しっとりまとまるとか、ダメージ補修をしてくれるといった機能で選ぶ人も多いと思います。

私ももちろん、そういった機能は気になります。でも、それと同じくらい、どんな香りなのかも気になりますし、全部の種類を試してみたくなります。たぶん、私が飽きっぽいからだと思います。

ダイアンボヌールのシャンプーの香りは、フランス南部にある香水の聖地として有名な、グラースという街の花など、天然香料由来です。

現代の日本では、日常的に香水を使う人は少ないです。フランスとは違うところです。

私は香水も大好きで、天然香料だけを使ったパリ生まれのDIPTYQUE（ディプティック）とSERGE LUTENS（セルジュ・ルタンス）の香水を何種類も持っていて、やっぱり気分で使い分けています。

ちなみに、私はボディソープも何本もバスルームに置いていて、使い分けています。だから、私のバスルームはボトルだらけです！

ボディソープはCOMPAGNIE DE PROVENCE（カンパニー ド プロバンス）やダイアンボタニカ、Aēsop（イソップ）がお気に入り。

これらは、日によって変えることもあるし、顔に近くて香りをしっかり楽しめる部位にはちょっと高額なもの、そうでもない部位にはお値打ち価格のものといったように使い分けることもあります。

優しい香りは、長かった一日を自然と終わりへと向かわせてくれます。

疲れたら寝る！ リネンがパリッとしていれば最高

朝9時半から勤務先の仕事を始めて、19時30分に終えることもあれば、もっと遅くまで続けることもあります。

退勤後に始まるのは、コンテンツクリエイターなどの仕事であることが大半です。そういった仕事は何時頃まで続けるかというと、**友達とご飯に行く約束でもない限り、延々とやっています。終わりの時間は決めていません。**

今、私はこうした仕事がとても楽しくて、それさえできれば幸せだからです。

でも、残念なことにそうした仕事をノンストップで続けることはできません。どうしても集中力が落ち、疲れてくるからです。

そうしたら、ベッドタイムです。

ベッドにはスマホを持っていかないほうがいい、という話も聞きますが、私にとってスマホは朝起きるためのアラームでもあるので、持っていきます。

そしてベッドで30分だけTikTokを見たら寝ることにしています。もっとも、30分も経つ頃には、すっかり眠ってしまっていることが多いのですが。

ベッドに入る瞬間は、幸せな瞬間のひとつです。**過ごしてきた一日が幸せであったなら、その終わりもまた、幸せです。**あまり幸せな一日でなかったとしても、その一日を終わらせて、また新しい一日を始められるのだから、やっぱり幸せです。**その幸せを最上級にしてくれるのは、パリッと乾いたリネン。**晴れてお洗濯ができてリネンがパリッと乾いている日は、最高の気分で一日を終えることができます。

そして寝ている間、クララロケットは翌朝の発射に備え、エネルギーをためこんでいるのです。

完璧じゃない日も決して落ちこまない

いろいろなルーティンについて書いてきましたが、正直に告白します。

私は、これらのルーティンをすべて守れているわけではありません。

特に難しいのは運動で、仕事がどうしても忙しいときには、ヨガやベリーダンスを休むこともあります。

ルーティンが私を形作っているので、それを守れないのは私にとって結構なストレスです。「ああ、できなかった」と落ちこむこともありました。

でも、今はそれほど落ちこみません。

もしも私がヨガやベリーダンスを理由なくサボったのなら、私は「クララ、ダメな子ね」と立ち直れないくらい自己嫌悪に陥ると思います。

でも、今、私がヨガやベリーダンスを休むのは、間違いなく仕事が忙しいときであり、また、私自身が「今日はヨガやベリーダンスよりも仕事」と決めた場合なので、納得できます。


ディナーも、今日は仕事を頑張ったなと思ったら、ウーバーイーツを頼むこともあります。お気に入りは、マクドナルド。パティが4枚もはさまった倍ビッグマックとフライポテトのLサイズ、5個入りのチキンナゲットを3箱、マックフルーリー、そしてコカ・コーラゼロがお決まりのメニューです。

これ全部、一人で食べます。

普段のディナーとの差が大きいけれど、だからご褒美感も味わえます。

カロリー、気にしません。なぜなら、普段は野菜中心のルーティンを守っているので、ちょうどいいバランスだと思うからです。

私にとって大切なのは、なにがなんでもルーティンを守ることではなく、その

ときそのときで、よりよい選択をすることです。

ルーティンは、普段の私のベストです。普段の私にとっては、朝はベッドでうとうとしているよりもさっと起きたほうがいいし、カロラインたちには朝、話しかけたいし、バスルームでは香りを選びたいです。

でも、普段とは違うことが起きているときは、ルーティンを完璧にこなそうとするのではなく、あえてルーティンを休みます。

最優先でルーティンを無理なく続けられる「普段」に戻れるようにしている、というわけです。

だから、ルーティンを休んでも罪悪感がありません。

むしろ、いつも通りの幸せな私になるための時間を過ごしているのだなと前向きになれますし、そんな私にすぐに戻れるとわかっていれば、目が回るほど忙しいような非日常も、心から楽しむことができます。

第3章

自分らしさを貫く
エフォートレス・
ビューティ

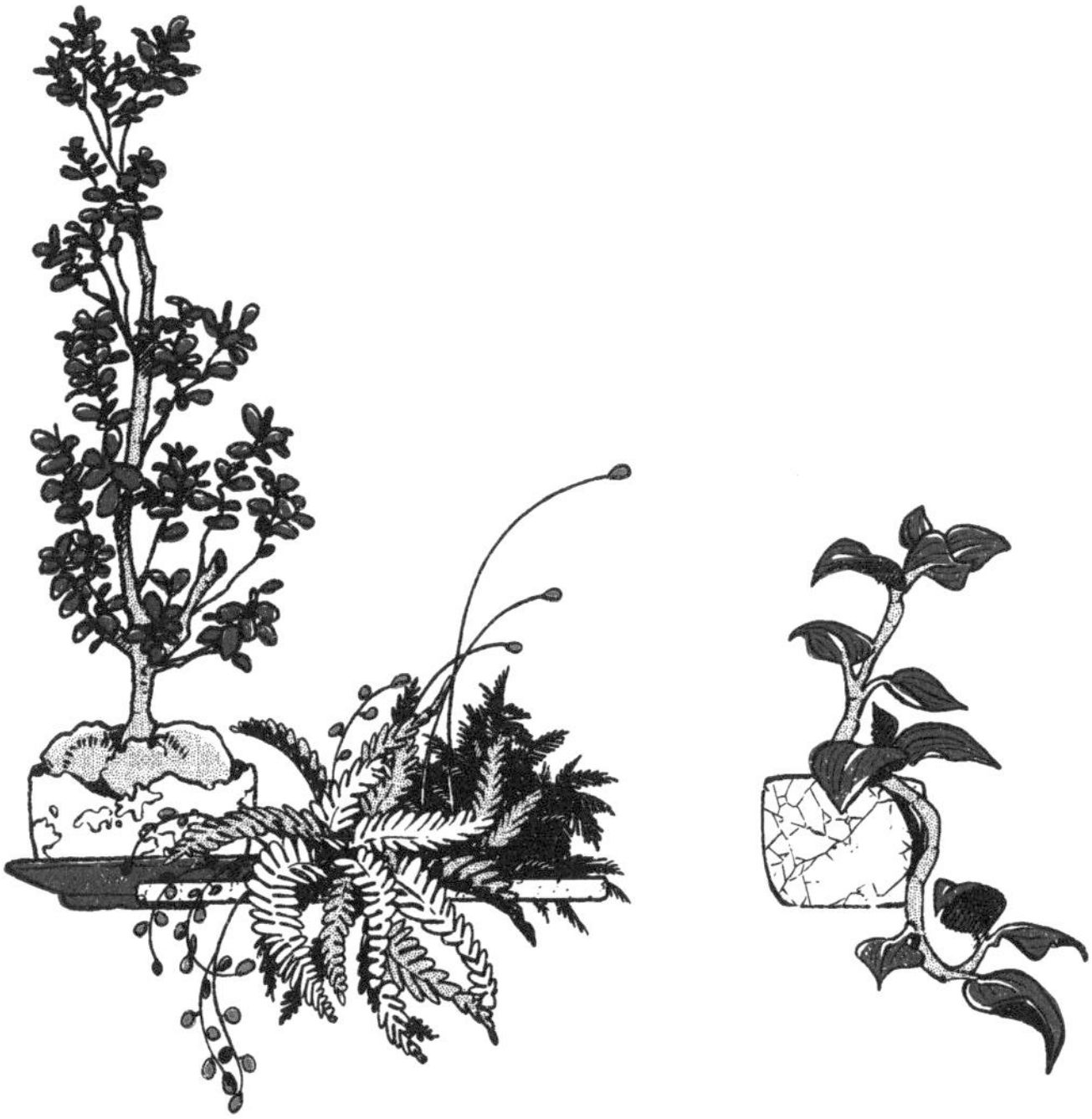

フランス式美容は「エフォートレス」が基本

モデルの仕事のときには、ヘアメイクさんのテクニックを駆使してしっかりメイクをしてもらい、髪もきれいにセットしてもらいます。もしも無造作ヘアに見えても、それは計算され尽くした無造作ヘアです。ヘアメイクさんの技術は本当にすごいな、と毎回思います。

では、モデルの仕事以外のときはどうしているかというと、**基本的にエフォートレスです**。

これは私だけでなく、フランス人の女性はたいていいそうだと思います。**手をか**

けすぎない、やりすぎない、無理しない、頑張りすぎない、完璧を目指さない。

たぶん、多くのフランス人の女性はジェルネイルを知らないと思います。

かといって、**エフォートレスは手抜きでもサボりでもありません。**自分が快適になるため、ヘルシーでいるため、最低限のことをするというようなニュアンスです。

エフォートレスが当たり前すぎて、エフォートレスに相当するフランス語が見つからないほどです。

だから、私も普段はエフォートレスです。**スキンケアはするけれど、メイクは最小限。髪はもちろん毎日洗うけれど、セットはしない。**

あえてエフォートレスにしているところもあるし、エフォートレスにせざるをえないところもあります。

せざるをえないところは、たとえば、つけまつげ。いろいろな種類があるので試してみたくなることもありますが、私はつけまつげが上手に装着できないので、結果的に、エフォートレス。

毎日、マイまつげで暮らしています。

ヘアスタイルも、仕事のときは邪魔にならないようにひとつにまとめるのが基本。おろしているときも、コテで巻いたりはしません。**なぜなら、コテがうまく使えないから**。

ヘアメイクさんがやっているのを見ると簡単そうに感じるけど、どうしたらうまくカールできるのかがまったくわかりません。使いこなしている人はすごいなと思います。

でも、それで困ることはないですし、つけまつげやカールが取れてしまう心配もないので、毎日、快適に幸せに過ごしています。

メイクよりスキンケア、高級ブランドより医薬品

毎日、メイクにかける時間は10分くらいです。メイクといっても、**そのうちのほとんどの時間はスキンケアに使っています**。

私は敏感肌なので、スキンケアをしないと肌が乾燥したりヒリヒリしたりして、快適さを保てないからです。

それに、メイクは重ねれば重ねるほど肌に負担がかかりますが、スキンケアの場合はそれがないので、もしもやりすぎてしまっても問題ないところも気に入っています。

私のエフォートレス・スキンケアは、洗顔したら、保湿して、日焼け止めを塗る。基本的にはこの3ステップです。

洗顔にはスクラブなどは使わず優しく洗います。

保湿で欠かせないのは、**ラ ロッシュ ポゼの「ターマルウォーター」**での下準備。スプレーすると化粧水がミスト状になって自然と肌になじみます。ミストは「やりすぎ?」と思うくらい、たっぷり顔に吹きかけます。こうして肌を潤わせておくと、次に使う化粧水のなじみがいいみたいです。

ミストの次は、**アンブリオリスのモイスチャークリーム**。保湿力の高いクリームで、肌がふっくら柔らかくなる感じがします。

そして最後に、紫外線対策。私のお気に入りは、**ロート製薬の「スキンアクアスーパーモイスチャージェル」**。

SPF50+なのにもたつかず、軽くさらっとしていて、でも、効果が高くて手放せません。

以上です！　これにセラムをプラスすることもあるけれど、基本的にはこれでおしまいです。

主に使っているのは皮膚科のお医者さんが開発したナチュラルなブランドです。香料や添加物が入っていなくて、そんなに高額ではないものばかり。お値段を気にせずに顔だけでなく首や耳まで、思い切って使えます。

高級ブランドのものも素敵だと思いますが、**シンプルなものをたっぷり使うのが私は好きです**。

そして、スキンケアをしているときはスキンケアだけに集中しています。スキンケアタイムはリラックスタイムだから、仕事のことなどは考えません。

ヒップにセルライトがあってもいいじゃない？

少し前、モデルの仕事でビキニを着ました。撮影が終わり、自分が写った写真を見て、ヒップの下のほうにセルライトがあるのを見つけました。そして、昔のことを思い出しました。

モデルの仕事を始めたばかりの頃、私はセルライトと戦っていました。モデルはセルライトなんてない、セルライトがあるなんてモデル失格。そう思って、セルライトを消す方法を徹底的に調べました。おすすめのクリームも買ったし、マッサージも毎日しました。でも、なかなか消えません。

どうしたらいいの？ と思って、セルライトがすっかりコンプレックスになってしまってから、あるとき気がつきました。

セルライトがあるのって、当たり前じゃない？

こんなに毎日セルライトのことを考えてマッサージするのって、セルライトがあることよりもずっと不幸じゃない？

セルライトを今より3割減らしたとして、幸福は3割以上減るんじゃない？

だいたい、誰にセルライトを見せるの？　ビーチに一緒に行く友達？　心を許している友達だったら、別に見られてもよくない？

恋人？　恋人が「そのセルライトなんとかしてよ」と言ってきたら、

Poubelle《プベル》（ゴミ箱）！

その恋人に消えてもらったほうがよくない？

モデルの仕事の邪魔？　それ、画像を加工してもらえばよくない？　というか、モデルでも俳優でもみんなあるし、悪いことじゃないし、見せてもいいいんじゃない？

もしもセルライトが病気の徴候で、消さないと健康を損なうものなら、私は今も一生懸命、セルライト退治をしていたと思います。

でも、健康には関係ないし、誰にでもあるし、消そうと思ってもなかなか消えないし、頑張っているのに消えないとブルーになるし、だったら、そういうものを消そうとするのって、時間の無駄でしかないです。

私はこれと思ったことにはのめり込んで努力をするタイプだと自覚していますが、無駄な努力は大嫌い。

なぜなら、**無駄な努力は私を不幸にするから**です。

モデル＝痩せているべき、という思いこみからの卒業

モデルになりたての頃、私は間違ったダイエットをしていました。**なぜなら、痩せないと仕事が来ないと思いこんでいたから**。

体重を減らしたいというよりは、とにかく体をできる限り細くしないといけないと信じこんでいて、毎日、ときには一日に2回ジムに通ったり、食事制限もして、極端なときは絶食したりしていました。

その結果、私は目標としていた体重50キロ、ウエスト58センチを達成できたけど、それで仕事が増えることはありませんでした。**私は無駄な努力をしていたのでしょう**。

でもそれに気がつかなくて、こんなに頑張っても仕事が来ないんだと落ちこんで、メンタルへのダメージは大きくなりました。

フラストレーションも、日々、大きくなる一方でした。

地獄のような最悪の毎日でした。無理なことはやっても無駄と気がつくまで、少し時間がかかりました。**でも、気がついてからは、無理なことは止めました。**

私は今、ダイエットはしていません。しているのはヘルシーな食生活です。モデル用に用意されている服が入らなければモデルの仕事はできないので、そのサイズを超えないようにしたいからです。前のように、とにかく細くとは考えていません。

この考えは、調理師の仕事をしている人が調理の前に手をしっかり洗ったりするのと同じで、**ベストコンディションで仕事をするための準備**です。

一番痩せていたときよりも5キロ増えていますが、日々体にいい美味しいと思うものを食べて運動をして、その結果としてのサイズなので、納得しています。

食べたいものは80／20の法則で楽しむ

毎日毎日、サイズのことだけを考えて食事をしているわけではありません。ハンバーガーをがっつり食べることもあるし、友達と外食するときにはカロリーのことは考えずに楽しく食べて「そんなに食べるの？」と驚かれることもあります。

でも、カロリーが気になるからといって友達と思い切り外食を楽しめないなんて、人生、楽しくないです。**無理なダイエットより、楽しい人生！**

それに、「食べたいものを食べたいだけ食べたら太ってしまうのでは」と恐れる必要はありません。

毎日、そんな食事をしていたら話は別ですが、**食べたいものを食べるのは、私**

の食生活の20％程度。残りの80％は、野菜と良質なタンパク質が中心の、家でのルーティンの食事です。

この80％がベースとしてあるから、20％は思い切り楽しめるし、この20％があるから、普段はシンプルすぎるいつも同じような食事でもフラストレーションがたまらないのだと思います。

そうやって心が整うと、厳しくカロリー計算をしなくても、自然と体も整っていきます。これが、エフォートレス・ビューティへの近道です。

体は、食べたものでできています。

だから、体にいいものを食べ続けていると、毎日体調がいいし肌も髪も輝くし、必要以上にメイクに時間をかけなくてもよくなります。

もうひとつ大切なことは、毎日しっかり寝ること。なかなかできていませんが、いつも心がけています。

私が服を選び、服が私をつくる

子どもの頃からファッションに興味があった私は、今も、服を買うのも着るのも大好き。服を買いに行ったら、何時間あっても時間が足りないくらいです。気に入った服をすべて買っていたら、クローゼットはもちろん、部屋もあふれてしまうと思います。

ときどき「フランス人は10着しか服を持っていないの？」と聞かれることがありますが、そんなことはありません。私は部屋着だけでも、もっとたくさん持っています。だから私は、服を買うときには、その服が私の基準に合うかどうかを確認することに決めています。

私にとって服は、その服を着ている私がどう感じたいか、あるいは、自分をどう見せるかを決める大切なアイテムです。**なりたい私になるために服を選び、その服によって、私はつくられるのです**。

それができる服だけを、私は買うことにしています。

たとえば、家でのファッションで大切にしているのは、自分がどう感じたいかということ。大好きな家ではいつもエフォートレスで、リラックスしていたいので、着るものも自然とエフォートレスなものになります。

ちなみに、私は家では裸足でいることが多いです。

家で着る服はたいていオンラインで買います。夜遅くでもショッピングできるし、サイズが合わなければ返品できるショップも少なくありません。

オンラインショップで、シンプルでカットがよくて、素材もいいものを買うようにしています。

シンプルな服はコーディネートもらくちんです。**色は、黒やベージュ、ネイ**

ビーが中心です。

黒といえばヨウジヤマモトだし、ヨウジヤマモトといえば黒。今でも私の大好きな、憧れの色です。

ネイビーのグラデーションも好きです。ネイビーは上品だし、グラデーションは黒という完璧な色へ近づくプロセスのように感じられるからです。

最初のほうで書いた通り、**アイロンは持っていません**。**なぜなら、アイロンをかけるのは面倒だから**。

そのため、普段はアイロンをかける必要がない素材の服を着ることが多いです。

でも、正直に言えば、「別に服にシワがあってもよくない？」と思っています。

極端にシワだらけでなければ気にしません。

服にシワがつくのは、当たり前だからです。シワがあっても、清潔であればいいと思います。

初デートやプレゼンでは「強く見える服」が必要

自分をどう見せるかという基準で選ぶのは、外で着る服です。特に最初のデートのとき、そして仕事でのプレゼンでは**強く見える服が必要**です。

ほかにも、クレバーに見せたいとき、ロマンティックに見せたいときなどに着る服を持っています。**新しく買うときには、それを着て私は私をどう見せたいのか、それができるのかを考えます**。

そうすると、買っても着ないという服はなくなります。

それから、それを着たら見せたくない自分になってしまいそうな服は買いません。どんなに気に入っても、です。

気に入っているかどうかより、それを着た私がどう見えるかのほうを、私は判断基準にしています。

それでも買うかどうか迷ったら、心の中で、プロデューサーのように俯瞰し、冷静にアドバイスするもう一人の私が、

「それはあなたを強く見せるから、買うべき」
「それはそんなに強く見えないので、ほかを選んだほうがいい」

などと、判断しています。

いつも気に入った服しか買わないのに、好きな服しか持っていないのに、着る服がないと感じている人がいたら、心の中にプロデューサーを住まわせて、意見

を聞いてみるといいと思います。

人生イズブランディング。「あなたはその服が好きかもしれないけど、その服はあなたを幼く見せるよ」とか「あなたをおとなしく見せるよ」などと、客観的な意見を聞かせてくれるはずです。

ただし、そうした基準を持っていても、服は自然と増えていきます。

そして、どうしてか、出番の少ない服もあります。着ない服でクローゼットがパンパンになっていると、それを見るのもストレスに。

もう着ない服があれば、友達にあげるかリサイクルに出すと決めています。

出番のない服の行き先が決まっていれば、安心して買うことができます。

そのジュエリーは あなたを強く見せる「武器」

私はモデルの仕事をしています。大学院での専攻は、ラグジュアリーブランドのマーケティング。パリのルイ・ヴィトン本社で働いていたこともあります。このヒントからすぐにわかると思いますが、**私はファッションを楽しむのも、歴史あるラグジュアリーブランドも大好きです**。

ただ、ラグジュアリーブランドのものは、素敵だけれどとても高額です。頭のてっぺんからつま先までをラグジュアリーブランドで固めようとしたら、大変な金額が必要です。

だから、なにかひとつだけ買うとしたら、私は絶対にジュエリーを選びます。

レザーのバッグも素敵だけれど、傷がつきやすいので気になって使わなくなってしまいそう。

かっこいい靴も好きだけれど、やっぱり、履いていたら傷が気になります。

でも、ジュエリーはバッグや靴に比べると傷がつきにくくて、その分、きれいな状態を保ちやすくて、長く使っていても、経済的価値があまり落ちません。

もちろん、使っていれば、私だけが気がつくような小さな傷はつきます。で

も、**それは悲しいことではありません**。

その傷は、店に並んでいるものとは違う、ほかの人の持っているものとも違う、私だけのものという証です。

私だけのジュエリーは、私を強く見せる武器にもなってくれます。

私は大好きなジュエリーを、玄関脇の棚に並べています。それを装着してから、外へと出かけていきます。

ジュエリーの素敵なところは、その日、私がどんなに疲れていても、どんなに落ちこんでいても、**それをつけるだけで力が湧いてくる点**です。「頭はボーッとしているけれど、イケてる」と思わせてくれます。

ファッションとメイクにも、そういう力があると思います。でも、毎日全部は頑張れないし、どうしても肌荒れしてしまうこともあります。

私の場合は、生理の前に肌のコンディションが悪くなります。

でも、それは仕方のないこと。そう受け入れることにしています。もちろん、鏡を見ると「最悪」と思ってしまうのだけれど……。

そんなときでも、さっとつけるだけで**「肌は最悪だけど、決まってる」**と思わせてくれるジュエリーは、即効性のある武器です。

憧れの人は「おばあちゃん」と「冨永愛さん」

父方の祖母は、今、90歳。フランス北部の地方・ノルマンディ出身で、今はパリで暮らしています。

フランスではおばあちゃんの世代は、結婚して子どもができたら家庭に入るのが当たり前だったと聞いています。

でも、おばあちゃんは働くのが大好きで、若い頃からいろいろな仕事をしていました。

映画館やレコードショップ、サマリテーヌという、パリの伊勢丹のような店で働いていたこともあります。

仕事も頑張ってきたおばあちゃんは今もおしゃれが大好きで、いつも髪をくるんくるんとセットして、リップを塗り、ネイルもきれいに塗っています。

クリスマスに私たちが遊びに行くと、バスルームでヘアセットやメイクを済ませてから、**私たちの前に現れて「褒めて」と言いたそうに私たちを見ます**。

もちろん、私たちはおばあちゃんのおしゃれを絶賛するのですが、そのたびに、年齢に合わせた美しさがあるなといつも思います。

若さ＝美しさではありません。若い人には若い人にしかない美しさ、年齢を重ねた人には年齢を重ねた人にしかない美しさがあると教えてくれるおばあちゃんは、私の憧れの女性の一人です。

ちなみに、おばあちゃんのボーイフレンドは20歳年下です。もう30年間も交際しています。

結婚はしていなくて、同棲もしていません。
でも毎日、朝と夜には電話で話をして、週末とバカンスは一緒に過ごしていま
す。素敵だと思いませんか？

もう一人、憧れの女性を挙げるとするなら、冨永愛さん。実は一度だけ、同じ
撮影の現場にいさせてもらったことがあります。
もう、冨永さんは神様！「同じ空気を吸ってもいいですか」と聞きたくなるく
らい、努力家で強くて、オーラのある人です。

**おばあちゃんも冨永さんも、「これが私のスタイル」という強い芯があるよう
な気がします**。
おばあちゃんは大好きなピンクを使うおばあちゃんらしいスタイルが得意だ
し、冨永さんはいつでもシャープでかっこいいです。

二人とも、なにかの完璧を目指しているのではなく、しっかり持っている自分のスタイルを貫いているから、かっこいいのだと思います。

第4章

もっと自分が大好きになる「恋愛」と「人間関係」

恋愛も人間関係も ヘルシーが一番！

恋人や友達や家族との関係は、ヘルシーなのが一番。私はそう考えています。

もし、友達にハッピーなことがあったとき、一緒によろこべるならその関係はヘルシー。

たとえば昇進や結婚のお知らせを聞いたとき、一番に「おめでとう」と思えればヘルシーです。友達が幸せになることで私の幸せが減るわけではないし、大切な友達が幸せなら、私も幸せになるからです。

逆に「ずるい」とか「うらやましい」という言葉が真っ先に浮かぶのであれ

ば、その友達との関係はヘルシーではないと思います。**どこかに、その関係をヘルシーじゃないものにしている原因があるはずです**。

家族との関係も同じ。親だからといって子どもの自由を奪ったり、子どもだからといって親に頼りすぎたりするのはヘルシーではなくて、無理が生じてしまいます。

生きていく上で、誰と仲良くして、誰と一緒の時間を過ごすかはとても大事なことだと思います。

それと同じくらい、その誰かとどんな関係を構築するのかも大事です。

どちらかが言いなりになっていたり、威張っていたり、うらやんでばかりいたりするような一方的な関係はヘルシーじゃありません。**手放すことも考えたほうがいいと思います**。

人生は、ヘルシーじゃない人間関係に時間を費やすほど長くありません。

ヘルシーな二人だから
ヘルシーな関係が構築できる

私は今、恋人がいません。でも、焦ってないです。恋人はいてもいいけど、いなくてもいいと思っているからです。**好きな人と一緒にいると幸せだけど、一人でいても幸せだからです。**

ということは、今なら、私は恋愛をしてもヘルシーな恋愛ができると思います。

でも、誰かと一緒にいないと幸せになれないと思いこんでいて、幸せになるための手段として恋愛をしたら、それはヘルシーじゃないと思います。

とても美味しいサラダの作り方を知っていますか？

答えは簡単、**とても美味しい野菜と、とても美味しいドレッシングを使うこと**。そうすれば、絶対に美味しいサラダができます。

でも、野菜が傷んでいたらどうでしょうか。どんなに美味しいドレッシングをかけても、そのサラダは絶対に美味しくなりません。

逆に、野菜はフレッシュで美味しいのに、何度も揚げ物に利用したオイルを使ったドレッシングで和えたら、とても食べられたものではありません。

恋愛もそれと同じで、**ヘルシーな関係は、ヘルシーな二人にしかつくれない**と思います。

私は、自分に自信がついて私のことを愛せるようになってようやく、ヘルシーな恋愛ができるようになりました。

たぶん、私が私を幸せにできる、私は私を愛せる、私は私に愛情を注げるとわかったから、恋人のこともヘルシーに愛せるようになったのだと思います。

あなたの恋人は「あなた」だけ

恋人がいると、その恋人のことを最優先にしてしまう人もいると思います。

私も何年か前まではそうでした。

恋人が着てほしくないと言った服は着ないこともあったし、会ってほしくないと言った人には会わないこともありました。

その頃の私は、そうやって恋人にとっての理想の女性になることが恋人への愛情表現だし、そうしなければその恋人との関係が壊れてしまって、それはとんでもないことだと思いこんでいました。

なんてヘルシーじゃないんでしょう！

今ならそう思うけど、その頃は気がついていませんでした。

あの頃の私は、なにが間違っていたのでしょうか？

私は、恋人のことばかりを考え、恋人に愛されているかどうかで自分の価値が決まると信じ、恋人の言う通りにしてあげたいと思い、自分を犠牲にしていました。相手のことばかりを尊重していました。

でも、私のことは尊重できていなかった。私のことは大切にできていなかった。私よりもその恋人のことばかり優先して、ヘルシーな人間関係を築く前に、私自身がヘルシーではありませんでした。

恋人からどう思われているかばかりを気にして、私がどう感じているかを後回しにし、ないがしろにしていたのです。

それが、間違っていました。

一番大切なのは、その人と一緒にいて、私はうれしいのか、楽しいのか、そのおかげで成長できるのか、それとも辛いのか、悲しいのか、交際していることでダメになりそうなのか、ということ。

もしもうれしくも楽しくもなく、成長もできないのであれば、なんのために交際しているのかわかりません。

幸せな瞬間があったとしても、その瞬間以外が不幸なのだったら、やっぱり意味がありません。

だから今の私は、私を犠牲にしてまで恋人のために尽くすことはありません。恋人の機嫌を取るために我慢することもしません。

といっても、恋人を家来のように扱い、言いなりにさせることはありません。

ただ、私にとっては私が一番大切で、恋人にとっては恋人が一番大切で、そう思っている人同士が、互いに尊重し合うことが、恋愛であり交際だと考えています。そう思い合える人がいれば、毎日が幸せです。

でも、いなくても幸せ。

なぜなら、**私のことを誰よりも深く愛している、生まれてから死ぬまでずっとそばにいてくれる私という恋人がいるから**です。

私にとって、いつでも私こそが恋人なのです。

これは、誰にでも当てはまることだと思います。

あなたにとって、一番大切なのはあなたです。**あなたを一番大切にできるのは、あなたです。あなたを幸せにできるのもあなたです。**

あなたを幸せにできるのは、あなただけです。

結婚しない生活にもたくさんの幸せがある

恋愛に焦っていないので、結婚にも焦っていません。

この先、結婚するかどうかについても、結婚することで自由が奪われるくらいなら、しなくていいかなと思うくらいです。

交際にはいろいろなスタイルがあるはずです。結婚は、そうしたたくさんのスタイルのうちのひとつ。私のおばあちゃんのような交際スタイルもそうです。だから、結婚に合うカップルは結婚すればいいと思いますが、結婚に合わないスタイルの交際をしているカップルは、わざわざ路線を変更してまで結婚する必要がないと考えています。無理をして結婚というスタイルに合わせようとすると、結局は不幸になってしまうと思うのです。

よく知られているように、**フランスでは事実婚が主流**です。その理由は、婚姻届を提出して法律上の夫婦にならなくても、公的にパートナーとして認められる制度があることです。

1999年に、同性愛のカップルのためにつくられたPACS（パックス）という制度を使うと、異性愛者でも、法律上の結婚に近い公的なサービスを受けられます。

それから、忘れてはならないのは、結婚後のこと。**法的に結婚してから離婚しようとすると、結構、大変です**。互いに離婚に同意していたとしても、離婚届を出せばいいわけではなくて、いくつか法的な手続きをしなくてはなりません。その手続きがかなり大変です。

だから、離婚の可能性がゼロではない限り、法的な結婚をしないというカップルが多いのです。

私も、両親が大変な思いをして離婚したのを間近で見ていたので、法的な結婚に憧れはないし、私自身のヘルシーなパートナーシップにとって、**婚姻届という契約書はマストなものではないと考えています**。

もちろん、法的な結婚に憧れる人を否定するつもりはありません。結婚したい人はすればいいと思いますし、日本でも、法的な結婚がしたい人は誰もが結婚できる制度が整えば、選択肢が増えて、とてもいいと考えています。

でも、結婚したくない人はしなくていいと思います。**周囲からプレッシャーを感じてそろそろ結婚「しなきゃ」なんて、思う必要はありません**。

結婚しないと幸せになれないとも思わないです。結婚生活にはたくさんの幸せがあると思うけど、**結婚しない生活にも、たくさんの幸せがあります**。

それに、結婚したら幸せになるというのは間違い。

結婚は、幸せな人をもっと幸せにすることはできるけど、幸せじゃない人を幸せにできる特効薬ではないのだから。

初デートでは少しセクシーで強く見える服を

素敵だなと思った人がいたら、私は自分から積極的にアプローチします。フランスでは、それが当たり前。**デートは男性から誘うものというような先入観はありません。**

そして、初めてのデートの日には、私は強く見える服を着ます。**可愛く見える服でも、おしとやかに見える服でもなく、少しだけセクシーで、強く見える服を選びます。**

具体的には、デコルテが大きくあいたロングワンピースに、ちょっとオーバーサイズのボックスシルエットの黒いジャケットを羽織るといった感じです。

なぜなら、可愛いとかおしとやかとかではなくて、**強い女性だと思われたいから**。自立していて、一人でいても幸せだけど、あなたといるならもっと幸せと考えている女性だと思われたいから。

なんなら、「なめないで」と、マウントを取りに行くくらいです。


もし、事前のリサーチの結果、その人は可愛いタイプの女の子が好きだとしても、私はやっぱり可愛く見えるようなファッションは選びません。

なぜなら、そのとき彼の目に映る、可愛く見せようとしている私は本当の私ではないから。**私のなりたい私ではないのです。**


可愛いふりをすることでその人が私のことを好きになってくれて、付き合うことになったとしても、私はだんだんと本当の私になっていくだろうし、その人は「こんなはずじゃなかった」と思うかもしれません。それではうまくいかないでしょう。
そうなるくらいなら、**最初から私の本当の姿、なりたい姿を見てもらって「なんだか違うな」とお断りされたほうがいい**です。

ただ、絶対に可愛らしいファッションがダメということではありません。

本当に可愛らしいのが好きで、そのファッションがその人らしいのであれば、可愛らしくしたほうがいいと思います。

本当は可愛いのに強がるのも「こんなはずじゃなかった」の原因になってしまいます。

ちなみに、私の強くない部分は、恋人同士になってからこっそりと知ってもらえれば十分です。

大人の女性に「可愛い」は禁句

可愛いという言葉を見聞きするたびに思い出すエピソードがあります。

パリで日本人の男性と友達になりました。その友達と、私のパリの友達とでおしゃべりをしたことがあります。そのとき、私の友達が彼に「どんな女の子が好きなの？」と聞きました。彼は、なんて答えたと思いますか？

「いろいろあるけど、一番は、可愛い人」と答えたんです。


オーマイガー。

可愛い人？

「一番に好きなところが、外見？　ありえない！」と私は思ったし、ちらっと表情を窺うと、友達も「え、外見？」とドン引き。さらには「こんな浅い人と付き合うことになる女の子が、かわいそう」という顔をしていました。

私が驚き、がっかりもしたのは、彼は女性の外見しか見ていないのかな、と思ったからです。年齢を重ねたり、病気になったりして外見が変わったら、好きじゃなくなるのかなと考えたからです。

その上、フランスでは大人に対して「可愛い」は褒め言葉ではありません。

きっとその日本人男性に悪気はなかったのだろうし、たぶん、日本人女性に対しては失礼ではないのだと思うけれど、フランスでは少し考えが違います。

まずフランスでは外見、特に、生まれ持ったものを褒めることは、あまり歓迎されません。

「背が高くて素敵ね」とか「美人でいいわね」とかは、まず、言いません。たとえ褒めるつもりであっても、です。褒めるのであれば「素敵な服ね」とか「きれいなネイルね」とか、**チョイスや努力を褒めます**。

さらに、**可愛いと思われるのは、大人の女性としてはちょっと屈辱的**でもあります。見た目を可愛いと言われるのは「子どもっぽい」と言われるのと同じだし、性格が可愛いと言われるのは下に見られているということだからです。

あくまでフランスの場合ですよ。

だから、フランスの男性は、好みのタイプとして「頭の回転が速い」とか「優しい」とか「ファッションのセンスがいい」とか、**内面や工夫している点を挙げることが多い**です。

正直に言えば、私にもルックスの好みはあります。でも、それだけじゃ好きにはなりません。

私は、尊敬できる人、私一人では見られない景色を見せてくれそうな人を好きになることが多いです。

フランス人は「ロマンティック」がお好き

もうひとつ、私の好みのタイプはロマンティックな人です。フランスでは、**「彼・彼女のロマンティックなところが好き」**といった言い方をよくします。

では、ロマンティックってどういうことでしょうか。

私は、**愛情を言動で表現できること**だと思っています。

愛している人には愛していると言えること、忙しいときでもコミュニケーションを取ること、お互いに相手の好きそうなものを探してプレゼントしたり、エスコートしたり、いろいろあります。

思っていることを言わない、行動に移さないということは、コミュニケーションを拒否することだと思います。だって、言ってもらわないと、態度で示してもらわないと、彼が私を愛しているかどうか、わからないからです。

私の考えるコミュニケーションが上手な人とは、自分のエモーションを相手に伝えられて、相手のエモーションを理解しようとする人です。**エモーションのないコミュニケーションは、ただの連絡です。**

そして、エモーショナルなコミュニケーションこそが、恋する二人の関係を深めていくのだと思います。

大好きだから別れることもある

私は約2年前に、お付き合いしていた日本人の彼氏とお別れしました。

彼はとてもジェントルで、人間的にも成熟していて、素敵な人です。それでもお別れしたのは、**お互いに、今は仕事に集中したほうがいい、そのほうがそれぞれの考える幸せだと判断したから**です。

私は彼を尊敬しているし、彼には彼の夢を実現してほしいので、その邪魔はしたくありません。そしてその逆についても同じです。

もちろん、彼がフランスに留学中、パリの劇場で出会って私から声をかけた彼のことは今でも大好きだし、別れるという決断は辛かったけど、ベストな選択だったと思っています。

私が私の夢のために進んでいるように、彼には彼の夢のために、進んでいってほしいです。

今の私にとって、彼は大切なパートナーで、交際していたときよりもいい関係でいられています。

彼はかつて、私の恋人でした。

今、私にとって彼は、私の家族のような存在です。

「依存」という沼から抜け出す方法

私がヘルシーじゃない恋愛をしていたときの話を、恥ずかしいけれど、少しだけします。

その頃の私は、とても寂しがりやで、自分に自信がありませんでした。だから、いつでも私を愛してくれる誰かと一緒にいたくて、**その誰かに愛されることで、自分に自信をつけようとしていました。**

誰からも愛されない自分には、生きている価値がない。そんな間違った思いに囚われていたのです。

間違っていたことはもうひとつありました。

私を愛してくれるのは、目の前にいるその恋人だけだと思っていたのです。**本当は、私というひとつでも私の味方をして、私を愛してくれる人がいるのに！**


でも、その私の役割を恋人に任せようとして、その恋人は私ではないので私の思うようにはしてくれなくて、依存しているのに裏切られて傷つくことが続きました。

こんな関係、ヘルシーじゃないと気づいて別れても、結局、寂しくて復縁したこともありました。

そんな最悪な沼から私が抜け出せたきっかけは、日本です。

日本に留学することが決まって、実際に、その恋人をパリに残して日本に来たことでした。

恋人と出会う前から大好きだった日本は、私の想像以上に素敵でした。私が知っているつもりだった日本は、日本のごくわずかでしかなかったのです。

大好きな日本で、学んで働いて冒険して、そうしているうちに、恋人のことはすっかり頭の中から消えてしまいました。

そして、恋人がいなくても、幸せで、なおかつヘルシーでいられる自分に気がつきました。

別れたほうがいいのに別れられない相手とは、遠く離れればいい。遠く離れた先では、好きなものに没頭すればいいとわかったのです。

そのときの私は、1年間の留学期間が終わったらパリへ戻らなくてはならなかったので、日本にいる間は眠っている時間すら惜しくて、とにかく冒険し尽くしたいと思っていました。

大好きな日本の、まだ見たことのない景色を見てみたい。まだやったことのないことをしてみたいと思い、思うだけでなく行動していました。

私の日本での時間には限りがある。そう意識できていたのも、よかったのだと思います。

もしパリに居続けていたら、パリ郊外なんていつでも行けるからと思って、全然アクティブになれていなかったかもしれません。

でもどこにいても、誰にとっても時間は有限です。

いつかやろうと思っていることに取り組むことのないまま、人生の終わりを迎えてしまうかもしれません。

自分を傷つける人はゴミ箱に捨てる！

何度別れようと思っても、別れられない。いつでも一緒にいたから、一人でいると寂しい。

そう思って、あなたのことを傷つけるにもかかわらず、いつまでも元恋人を忘れられない人、元恋人ともう一度付き合う人もいるでしょう。昔の私もそうでした。

それでヘルシーでいられるならいいけど、たいてい、元恋人のことを延々と考えているときはヘルシーじゃないし、**ヘルシーじゃなかった関係は、再開してもヘルシーではありません。**

それなのに、思い出したり復縁したりしてしまうのは、それが簡単にできてしまうからだと思います。

だから、本当に別れるためには、すぐには連絡が取れないようにSNSをブロックしたほうがいいし、それ以上に、**元恋人はゴミ箱に捨てたと思ったほうがいい**です。

一度、ゴミ箱に捨てたものはもう戻ってきません。まだ家のゴミ箱にあれば回収もできるけれど、収集され焼却処分されたら、もう二度と、戻ってはきません。だから、元恋人があなたのことを傷つけていたのなら、焼却場に直結したゴミ箱に捨てたと思えばいいのです。

捨てた以上、もう回収はできません。捨てなければよかったなと思っても返ってこないし、そんなことを考えるのは時間の無駄です。

むやみやたらにモテる必要はない

不可解な日本語のひとつが「モテる」「モテたい」。

これ、どういうことですか？

意味はわかります。モテるとは、恋愛対象の性の人から、ちやほやされるという意味ですよね。そしてモテたいとは、そういう状態になりたいということですよね。

ほかにも、「モテ期」とか「モテファッション」とか「モテメイク」とか、モテがつく言葉がいろいろあるけど、モテたいですか？

私はモテなくていいです。

私がいいなと感じる人、この人となら今よりもっと幸せになれるなと思う人がいたら、その人にだけアプローチをするだろうけど、**誰に対しても「クララを好きになって」とは考えないし、そのためにファッションやメイクを研究することもない。**

それに、もしもたくさんモテてしまっても、私にとって恋人はたった一人で十分なので、恋人以外から一方通行の気持ちをもらっても、困ってしまうと思います。

だから、モテる必要はないし、モテたくないと思います。

依存やモテることは×、でも頼ることは○

誰か一人に依存していると、心が弱くなってしまいます。

誰からもモテようとすると、自分が保てなくなります。

でも、だからといって誰とも心を通わせないわけではないし、自立しているからといって、孤独ではありません。

むしろ、自立してからのほうが、私は周りに頼るようになりました。

自分にできること、得意なことがわかってきたことで、自分にはできないこと、不得意なこともはっきりしてきて、誰にでも得意不得意があると理解できたからです。

そこで、私が不得意な仕事は、仲間にお願いしたり助けてもらったりするようになりました。

そして、私が得意で友達が不得意なことは、サポートします。

私も友達も不得意なことは、また別の友達に頼みます。

不得意なことを自分でできるようになろうとはあまり思いません。不得意なことをどんなに頑張ってできるようになっても、それでも、普通にできるようになるくらいで、得意にはならないと思うからです。

だからみんな、支え合うのだと思います。誰かを頼ることは恥ずかしいことではなくて、当たり前のことです。そして、頼られたらそれに応えるのも、当たり前のことだと思うのです。

親友と食事のときに割り勘にしない理由

仲良しの友達のことはたいてい、私のほうから〝一目惚れ〟しています。雰囲気やセンスが「わ、素敵」と思うと、その人のことが大好きになって、すぐに仲良くなります。

大好きな友達からＬＩＮＥが届くと、恋人からの連絡よりうれしく感じることもありました。

それに、**友達は何人いてもいいところが素晴らしい**と思います。

恋人が二人以上いたら二股や浮気になってしまうけど、友達関係には浮気という概念がないので、友達がほかの友達と仲良くしていても嫉妬することもなくて、気持ちも楽です。友達＝ＬＯＶＥの対象がたくさんいることはとても幸せなことです。

でも、だからといって、友達のことをないがしろにはしません。大切な人たちなので、あなたは私の大切な人、というＬＯＶＥなメッセージをいろいろな形で表現します。

忙しくても、友達のＳＯＳには必ず応じるし、友達が間違っていることをしていたら、本気で怒ります。恋人ができても、**恋人だけに時間を使うことはありません**。友達との時間も大切にします。

いつもは家で決まった夕食をとる私も、友達と一緒のときは話が別です。素敵な店で、食べたいものを食べたいだけ食べるし、ワインも飲むし、もちろん、おしゃべりに花を咲かせます。

そうして最後にやってくるお会計タイム。

割り勘という関係も素敵だけれど、**私の場合は、ご馳走することが多いです。**

なぜなら「いくら?」とか「お釣りある?」といったやり取りをする時間がもったいなくて、その時間すらおしゃべりに使いたいから!

友達との楽しい時間のために使うお金は、まったく無駄遣いとは思えません。

でも、必ず毎回ご馳走するかと言ったら、そうではありません。友達にご馳走してもらうこともあります。

ご馳走し合うことが習慣になると、素敵な店を見つけたとき「今度はこの店でご馳走したいな」と大好きな友達の顔が浮かんできて、ハッピーになります。

日本で学んだ、「傷つけない」ものの言い方

ずっと日本に憧れていた私は、フランスにいたときに日本の作家の本をたくさん読みました。三島由紀夫は特に『春の雪』が好きで、谷崎潤一郎の『陰翳礼讃《いんえいらいさん》』では日本らしい視点の持ち方を学びました。

ただ、一番好きな日本文学はと聞かれたら、『源氏物語』と『枕草子』と答えます。

まず、『源氏物語』はとにかく面白い！

とっても長い作品だけれど、平安時代の貴族の生活がきめ細やかに書かれていて、ファッションも魅力的だし、和歌のやり取りも雅です。

それに、主人公の光源氏がルイ14世に似ているので、フランス人としては親しみが持てます。

ルイ14世は太陽王と呼ばれる人物。トレンドセッターでもあり、ヨーロッパだけでなく世界中に自分の輝きを見せたくて、ファッションにも建築にも「ラグジュアリー」を持ち込みました。

ヴェルサイユ宮殿と庭園をつくらせ、そこに好みの女性を集めてと、やりたい放題だったのですが、それが、六条院をつくって、さらに素敵な4つの庭をつくり好みの女性を集めた光源氏とそっくり。

違うのは、恋愛に関する描写が『源氏物語』のほうが間接的で、しっかり読んでいないと、いつの間にか子どもができていたりすることくらいです。

あと、大人になっていく過程で名前が変わるところも最初はわかりにくかったけど、でもそれ以上に面白い物語だと思います。

それから、『枕草子』はとてもフランスっぽい。清少納言が、日常生活の何気ないことを書いた日記文学ですが、**清少納言が人生をエンジョイしているのが伝わってくるし、ちょっとお茶目なところ、文句を言いたがるところも、超フランスっぽい**と思うのです。

言いにくいことをはっきり言うのがフランス流です。

ただ、清少納言と私を比べると清少納言のほうがフランスっぽくて、私のほうが今の日本的かもしれません。

というのも、私は毎日のように現代日本流の、人を傷つけない言葉の選び方、伝え方を学べているからです。

ヘルシーな関係をキープする「気配り」

私は私を幸せな状態にキープするために、ルーティンを大切にしています。

ルーティンを守ることができれば、今日もハッピー。

守れなかったら、また明日頑張ろう。

毎日、そんな風に考えています。**日々のルーティンは、私をヘルシーな状態にしておくために欠かせないものです。**


それは、人間関係についても同じ。大切な誰かとの関係をヘルシーに保ちたかったら、やっぱり自分との約束が必要だと思います。

なにもしなくてもヘルシーな関係が保てれば、そうした約束は必要ないのかもしれません。

でも、人間関係はそんなに楽じゃない。**たとえ家族であっても、互いに努力しなければ、関係が壊れるのは一瞬です**。

いくら血のつながりがあるといっても、そこに甘えきってしまったら、互いに深く傷つけ合い、他人よりも遠い存在になってしまうこともあります。

では、どうやって関係をキープするのかというと、**とにかく愛情を注ぐこと**。自分自身を大切にしているのと同じように、相手のことも大切にします。

こうしたことは、私にとってエフォートではありません。

どちらかというと、ルーティン。**それを続けることそのものが、私の幸せになっています**。

でもこれは、私より日本人のほうが得意なのではないかと思います。

私が大好きな日本語のひとつに「気配り」があります。フランスにはないコンセプトで、この言葉を知ったとき、恩着せがましくなくて、さりげなくて、とても素敵だなと思いました。

人間関係で必要なのは、この気配り。

たとえば、友達の気分がダウンしているなと思ったら、しつこくアドバイスしたり、無視したりはしません。

そのかわり、**ウーバーイーツで食べ物をプレゼントします。元気になって、とメッセージも添えるかもしれません。**

話をしていて、つい、キツいことを言ってしまったら、謝ります。仲がいいんだから許してくれるよね？　とは考えません。

そういえば最近、あの人に連絡をしていないなと思ったら、その瞬間にＬＩＮＥを送ります。

恋人に夢中だから友達とは会わない。
友達と一緒にいるほうが楽しいから家族からの連絡は無視する。
家族のことで時間が必要だから恋人のことは後回し。
こういうことはしません。

恋人も家族も友達も、私にとってはみんな、大切な存在。比べられないし、順位もつけられないので、みんなにできるだけの愛情を注ぐことにしています。

第5章

夢中になれる4つの仕事のつくり方

自分を形作る4つの仕事について

私は今、全部で4つの仕事をしています。どれもとても楽しくて、あまりに楽しすぎて、仕事を休むなんて考えられないくらいです。**仕事で忙しいことは、私が幸せな状態。**一日中仕事をしていることもあります。

1つ目の仕事は、広告代理店で働く**アカウントディレクター兼プロデューサー**。クライアントの表現したいものを、つくりあげていく仕事です。

つくるものは、コミュニケーション戦略やキャンペーン、インフルエンサー企画など、いろいろあります。

最近では、自分のチームで、お客様のブランドをよりよくするためのプロジェクトを進めるサービスもスタートさせました。

ありがたいことに、国内外の大手ブランドのソーシャル戦略や、プロダクション、インフルエンサー企画を任せていただいています。

2つ目の仕事は、**モデル**。広告代理店に入社する前から続けている仕事です。雑誌『FUDGE』の表紙や、ハーゲンダッツのテレビCMも経験しました。

最近は、モデルの仕事の量は減らしているけれど、モデルの仕事ではカメラマンやスタイリスト、ヘアメイクなど、たくさんの新しい才能に出会えるのが楽しくて刺激的です。

3つ目の仕事は、**アトリエルージュのブランドディレクター**。アトリエルージュは日本発の、和洋のアートからインスピレーションを得たとても素敵なジュエリーのブランドです。

4つ目の仕事は、**コンテンツクリエイター**。YouTubeやTikTok、Instagramなどの SNSでライフスタイルについて発信しています。

どの仕事も、まったく違っているようでつながっていて、そこにも4つの仕事をしていることの楽しさがあり、やればやるほど理解も深まります。

それに、プロデューサーはモデルのこんなところを重視するとか、ディレクターはどんなコンテンツクリエイターを起用したいと思うかとか、逆の立場の考えもわかるのでスムーズに仕事ができている気がします。

複数の収入源がもたらす精神的安定

4つの仕事に対して、私は同じように情熱を注いで取り組んでいます。

平日に時間を最も使っているのは勤務先のプロデューサーとしての仕事ですが、ほかの仕事のこともとても大切に思っています。**だから、どれが本業でどれが副業という考え方はしていません。**

どれも、私の大切な仕事です。

だから、どの仕事からの収入がメインという考え方もしていません。ただ、会社の仕事については私一人の仕事以上に責任を感じているので、絶対にバリューを出したいですし、そのために努力しています。

4つの独立した仕事から、それぞれ収入があることが、心に安定をもたらしています。

そんなことがあってほしくはないけれど、たとえばSNSが閉鎖されたら、私はコンテンツクリエイターとしての仕事を失ってしまい、その分の収入が得られなくなります。

もしも私がコンテンツクリエイターとしての仕事しかしていなかったら、これはとっても怖いことです。

私が複数の仕事をしているのは、「楽しい」だけではないのです。

今の私は、4本脚の椅子。1本が壊れても、なんとか安定を保てます。バランスを保っているうちに、壊れた1本を修理することもできるでしょう。でも、1本脚の椅子だったら、そうはできません。

なにかひとつを失っても大丈夫、と思えればそれだけで安心だし、どの仕事でも保守的にならずにどんどんチャレンジできて、結果的に、ますます仕事が楽しくなります。

今、日本ではいろいろな働き方が話題になることが多くて、副業や兼業を検討している人もいると思います。

忙しくなりますが、メインの仕事だけでなくサブで仕事を始めると、お金の心配が減るので心が落ち着くと思います。そのサブの仕事がもうひとつのメインの仕事になれば、もっと落ち着きます。

あると便利なプロデューサー視点

私が勤務先でしているプロデューサーという仕事は、一人ではできない仕事です。そこに面白さがあります。

まず、クライアントさんがいなければつくるものがありません。**クライアントさんとの良好な関係をキープすることは、プロデューサーの大切な仕事です。**関係づくりといっても、言われたことをそのままやるわけではありません。もしもクライアントさんが「大きな会場でイベントをやりたい」と言っても、すぐに「わかりました」とは言いません。

なぜ大規模なイベントが必要だと思うのかを尋ね、そのためにもっと適した広告コミュニケーションの方法があれば、その理由を説明しながら提案します。

　することが決まったら、社内のチームのメンバーに具体的な段取りを依頼します。

　たとえば、プロダクションマネジャーには、予算やスケジュールの管理のほか、クリエイティブディレクター、デザイナー、エンジニア、カメラマン、イラストレーター、モデルといった社外のメンバーの手配です。

　こんな具合に、クライアントさんと密にコミュニケーションを取りながら、プロジェクトが最高の状態で進み、最高の状態で終われるようにします。それが、私の仕事です。

　私がこのプロデューサーという仕事で最も学んだことは、**プロジェクトを達成するには最適なメンバーが必要で、その最適なメンバーによるチームを輝かせる必要がある**ということです。

　最適なメンバーとは、スキルがある人という意味だけではありません。

タイミングはもちろん、責任感の強さ、プロジェクトへの親和性、ほかのメンバーやクライアントさんとの〝グルーヴ〟も大切です。

では、どうしたら、写真・ビデオ撮影、イベント、ポップアップ、ブランド戦略、インフルエンサーアクティベーション、グローバルキャンペーンといったあらゆるプロジェクトで最適なチームを組めるかというと……。

プロデューサーである私自身が、あらゆるパートナーと強く長い信頼関係を築くこと、そして、問題は起こる前に予測し、それに対するプランB、プランC、プランDを持つことだと思っています。

こうしたプロデューサー視点は、ほかの仕事をしているときにも役立ちます。

特に組織で働いている場合は、周りの人が苦手としている仕事の中に、自分が得意としている仕事があれば、サポートしてあげるとお互いにハッピーになるし、よりよい成果を生み出すはずです。

好きな仕事は、ほかの仕事で行き詰まったときの気分転換にもなります。

それから、自分がやるよりもほかの人にお願いしたほうがクオリティが高いと思うものは、ほかの人にお願いすることもあります。

たとえば、コンテンツクリエイターとしての仕事でも、長めの動画の編集や日本語のテロップなど、プロにお願いしたほうがいいなと思ったことは、プロにお願いしています。

一方で、ショート動画については、私らしさを大切にしたいので、自分で編集しています。こうした使い分けをする視点は、プロデューサーとしての仕事をしていくうちに養うことができました。

高いプライドは成長の邪魔

私は今の会社で働く前は、ルイ・ヴィトンの本社で仕事をしていました。内容はデジタルコミュニケーション。

そうした専門性に加え、SNSを頻繁に更新していたこと、日本への留学、日本のブランドでのインターン経験、カメラマンとしての活動(もしていたのです。今も、私はアトリエルージュの仕事では撮影もしています)、そしてなにより、ラグジュアリーブランドへの理解とパッションをアピールして今の会社の入社試験を突破しました。

ルイ・ヴィトンでの主な業務は、どんな広告を作りたいのかを広告代理店に伝えることでした。つまり私は今の会社に転職したことで、フランスの会社から日本の会社に転職しただけでなく、**発注する側から発注される側に転職したことになります。**

今思うと、結構なチャレンジでした。

なぜかというと、まず、前の職場では、つくる資料のフォントがバラバラでも、サイズがバラバラでも誰も気にしない！　少なくとも、発注側にいたときの私の周りではそうでした。

そこで日本でも、内容だけに集中して資料をつくっていたら「これじゃダメだよ」とダメ出しをされていました。

ただ「ダメだよ」ではなくて「ここがダメだよ」「こうするんだよ」と教えてもらえて、とてもありがたいと思いました。

でもその一方で、できていると思っていたことができていなくて、みんなにも時間を使わせてしまって、申し訳ないなと思いました。

この頃は、あまりにも自分が不甲斐なくて悔しさを感じたこともあります。そうそう、頑張って勉強してきた日本語も、ビジネス用語、敬語が難しくて苦労していました。

でも、成長するには、指摘してもらって修正して身につけていくしかない。これまでいろいろなことを頑張って克服してきたのだから、絶対にできると思って、とにかく早く一人前になろうと決めました。

「フランスではこうでした」「ヴィトンではこれでクレームを受けたことはないので、直しません」とは思わなかったし、言いませんでした。

そんなプライド、成長の邪魔です。

そのうちに、私はクライアントに出しても恥ずかしくない資料をつくれるようになりました。根気よく付き合ってくれた勤務先のみんなに感謝です。

トラブルに備えて「プランB」を用意する

初めて日本にやってきたとき、私は大きなスーツケースを2つ、持ってきていました。片方には、服など身の回りのもの。**もう片方には「心配」が詰めこまれていました。**

心配とは、予備のパソコン、予備のスマホ、予備の薬、予備の文房具、予備のシャンプー……。日本でも買えるものばっかりなのに、日本で買えなかったら困るからとたくさん持ってきていたのです。

そうです、私は心配性。その頃ほどではないけれど、今も少し、心配性です。

プロデューサーとしての仕事のときにも心配になることはよくあります。撮影に使う小物はきちんと用意されているかな？　ちゃんとカメラマンは撮影現場に来てくれるかな？　モデルは大丈夫かな？

明日のプレゼン、大丈夫かな？　パソコンが動かなくなったりしないかな？

こんなことを考え出すと、止まらなくなってしまいます。

そういうときは、**いつでも発動できるプランBを用意**することにしています。

もしもカメラマンが事故などで来られなかったら……その場合のために、当日呼んでもすぐ来てくれそうなカメラマンを探しておく。

モデルが欠席だったら……絶対にその日に撮影しなくてはならない場合は、やっぱり、来てもらえるモデルを探しておく。

こんな感じです。パソコンのトラブルが心配なら、もう一台、誰かに持ってきてもらう。そうやって準備しておけば、なんらかの理由で当初のプラン（プランA）の通りにいかなくなったとしても、パニックになることなく「OK、じゃあ、「プランB」と切り替えられます。

今よりもっと心配性だった頃は、プランC、プランD、プランEくらいまで考えていたけれど、今はBまでで大丈夫になりました。

それは、たくさん用意し続けたことで、**Eまで用意しなくてもBまであれば十分だとわかったから**です。プランBまで用意しておけば、私ならなんとかできると自分を信じられるようになったからです。

新しいチャレンジをするときにも、このプランBはお守りのような存在になります。

最初のやり方でうまくいかなければ、次のやり方を試せばいい。

そう思えるだけで挑戦が怖くなくなります。

チームで勝利を得る達成感を忘れないこと

広告プロデューサーにとっては、広告を仕上げること以外に、**クライアントさんから「あなたのチームにお願いします」と言ってもらうことも、とても大事です**。

そして、新しいクライアントさんから相談があるときには、複数社から選ばれるコンペになることもあります。

クライアントさんは私たちのほかにも候補を持っていて、コンペで比較した上で決定しようと考えているのです。

そうなると、**私はプロデューサーとして燃えます**。絶対に勝ち取ろうねとチームのみんなと励まし合って、ベストなプランを提案しようと最大限の努力をします。そうして、採用されればハッピー。

ご褒美としてチームのみんなで美味しいものを食べます。

でも、採用されなかったら? アンハッピーではないことも多いです。

採用されないとき、考えられる理由は2つです。

ひとつは準備不足。なにが足りていなかったかをリサーチして、次に備えます。

もうひとつは、私たちにはコントロールできない理由です。私たちのチームが完璧に準備をして私たちのベストを尽くして、それでも採用されなかったら、それは提案したプランが悪いのではないと思います。

ベストを尽くしても思い通りにならないこともあるのが仕事。**だから、ベストさえ尽くしていれば、後悔することはありません。**

特に広告や戦略に正解はないので、相性やタイミングなど、私たちにはコントロールできない理由で落とされることもあります。

そのことを理解していれば、次に向けて切り替えることができます。


でも、まだアンハッピーをあまり経験していない若いチームメイトの中には、必要以上に落ちこんでしまう人もいます。その気持ち、とてもよくわかる。**でも、相性は自分の努力だけでは変えられません。**

そういうときに私の口から飛び出すのは**「大丈夫、これで死にはしないから」**という言葉。

真剣に悔しくなるのは真剣に仕事をしているからだけど、コンペで負けたからといって、ちょっとくらいミスしたって、命まで奪われるわけではありません。

そして、チームメイトの頑張りでコンペに勝てたときは最高にハッピーです。

自分だけでなにかをやり遂げたのとは違う、豊かな達成感に包まれます。

プレゼンは「見てもらう」のではなく「見せてやる」

コンペで重要なのはプレゼン。どんなに提案の内容が素晴らしくても、その提案方法がイマイチだと、内容までイマイチに見えてしまいます。

そのため、どんな風にプレゼンするかには、プレゼンの内容と同じくらい知恵を絞ります。

私のプレゼンの流儀は、強く見せること。このチームになら任せたい、このチームならやってくれると思ってもらえるように、ファッションもメイクも強さを際立たせます。

着る服の色はネイビーブルー。私のチームのテーマカラーです。ラインはフリルやカーヴィなデザインよりも、断然、ストレート。サイズは少しだけオーバー気味のものを選びます。

足元はピンヒール。プレゼンがオンラインであっても、映らないとわかっていても、私は絶対にピンヒールです。それだけでしゃきっとするからです。

ジュエリーも可愛いものではなく、強く見えるかどうかを基準に選びます。**色はダークカラーで曲線状のものではなくストレートラインのもの。**細部まで徹底します。

髪はタイトにまとめ、リップは赤。アイラインはきっちり跳ね上げます。そうやって〝武器〟を装備したら、背が高く見えるように首と背筋をすっと伸ばします。

It's show time!

動きも強そうに。自信なさげにとぼとぼ歩かず、**ランウェイを歩くように腰を高く歩幅は広く**。見てください、ではなくて、見せてやる、という気持ちを強く持ちます。話はとにかく面白く。真面目になりすぎず、その企画を楽しんでいることを表現します。

そして、決してクライアントに背中を見せず、ばっちりアイコンタクト。**できるだけ座らずに、全身でパッションを表現します**。そうやって振る舞うことで強く見えること、自信に満ちて見えることは、モデルの仕事で学びました。

声は少しトーンを落として、話すスピードはゆっくりと、いつもの半分くらいに。大事なことを言う前はあえて時間をとってしっかりためてから。**「だと思います」「考えております」は徹底的に避けて言い切り、強く、わかりやすく**。

こんな風にできるまで、リハーサルを重ねます。プレゼンは大事なショウタイム。どれだけ準備をしてもしすぎるということはありません。

「本音」は丁寧に包んで「ソフト」に相手に伝える

フランス人は、仕事仲間にズバズバ言うのには慣れっこ。言われるのにも慣れっこです。本音と建前を使い分けないので、特に職場の仲間とは激しい言い合いになることもあります。

私の場合は、厳しく言われたら謝って、一人になってから「ああ、言われちゃった」としみじみと思い返します。でも、そうやってちょっと落ちこむのにも仲直りにも慣れっこです。

それと比べると、日本はとても平和。みんな、なにか言いたいことがあっても強い言葉は使わず、遠回しに、傷つけないように配慮して言葉を選びながら話してくれるからです。

日本では「これ、ミスだよね。どうしてミスしたの?」と厳しく責めているところを、少なくとも私は見たことがありません。

「私も確認してなくてごめんね、ここ、間違ってたね」などと、**丁寧に本音を包んでソフトにしています**。**私にはそれが心地よいです**。とても厳しく言う人もいると思いますが、スポーツや、似たような硬い環境でない限り、みんなが言い方に気を使っている印象があります。

でも、私は最初、その本音を包み隠すという日本人のテクニックに気づいていませんでした。「確認してなくてごめんね」が、建前ではなく、本音だと思いこんでいたのです。

それが大きな誤解だとわかったのは、シェアハウスで生活するようになったときです。そこでは国籍も性別も問わない人が一緒に暮らしていました。

あるとき、一人の日本人が、職場の愚痴を言いだしました。

「今日、上司にこんなことを言われて、困るんだよね」

それを聞いて私は、急に恥ずかしくなりました。いつでもニコニコしている日本人も「本当は困る」と思っていることもあるんだと、そこで初めて気がついたからです。

でも、それは悪いことじゃないと思います。**思っていることをはっきり言わなくても、状況は改善できる**ので、コミュニケーションをソフトにしているのだと思うからです。日本人は大人だなと思います。

だから、ちょっと言いにくいことがあっても、直接言っても大丈夫。本音を隠さなくても、選んだ言葉で少し包めばきちんと伝わるはずです。

怒りの感情は書きまくって消す

どんなことがあっても、激しい言葉は使わない。

責めるようなことは言わない。

でも、私はフランス人。日本人のようにはいかないこともあります。

「それ、言ったよね」「聞いてないんですけど」「プロならしっかりやってください」「それはそちらのする仕事です」といった言葉が、心に湧いてくることも。

でも、言いません。なぜならここは日本だから。

フランス風の激しいやり取りを好まない人が多いのかな、と感じているからです。でもそれ以上に、厳しい言葉で誰かを傷つけるのは、私のしたいことではありません。一緒に頑張る仲間には、優しくありたいと思っています。

「え？　なんで？」と言いたくなるようなメールが届いたとき、**私はまず、とても激しい言葉で思いの丈を書き出すことにしています**。

「うまくいっていないのは、あなたが連絡してこないからなんですけど？」

「前に言ったことを覚えていてもらわないと困ります！」

これらをどんどんと書いて、書き出したら読んでみて、**「私がこんなメールをもらったら悲しいな」**と我に返ります。これ、大事。我に返ったら消します。そうすると、思いの外スッキリとしている自分がいます。

それから、書き始めます。もう心が落ち着いているので、日本人を真似て本音を包むことができます。そして、私がもらったら悲しいメールにはなっていないことを確認してから、送信。それでほとんどの行き違いは解決します。

コンテンツクリエイターとモデルは表裏一体

私はモデルの仕事もしていますが、モデルの仕事で一番時間がかかるのはなんだと思いますか？

オーディション？　ヘアメイク？　撮影？

どれも不正解です。一番かかるのは「待ち時間」。

オーディションは一度にたくさんのモデルが集められるので、自分の番を待つのにかなり時間を取られます。

撮影でも、天気がよくなるのを待ったり、機材の準備が整うのを待ったり、写真のチェックを待ったり、**とにかく待ち時間が長い**です。

そして、冨永愛さんのようなスーパーモデルは別ですが、たいていのモデルはなにかの引き立て役です。

モデルを起用するクライアントには、消費者にアピールしたい服やコスメといった主役がいて、モデルはその主役を素敵に見せる手伝いをする仕事です。

どうしたら素敵に見えるかはディレクターが考えて、カメラマンが撮影します。

そうやって、つくりだすクリエイティブのパーツになる仕事は、チームのみんなで一緒にひとつのゴールを目指していることが実感できて、楽しいです。

でも、そういった仕事では、モデルが「こうしたらもっと素敵に見える」とか「素敵に見せるためにこんな風にしたほうがいい」とか、提案をすることはありません。お金やスケジュールの管理も、絶対にしません。モデルという立場でそれをやるのは越権行為です。

もっと自分で考えて、写る以外のこともしてみたい。

そう思うようになって始めたのが、コンテンツクリエイターの仕事でした。

コンテンツクリエイターの仕事は、自分のアイデアで、素敵なものや身近なもの、考え方を紹介するというものです。

「クララさんはインフルエンサーなんですね」と言われることもありますが、私としてはインフルエンサーというよりはコンテンツクリエイターという言葉のほうがしっくりきます。そして、コンテンツクリエイターとモデルとは裏表の関係にあると思います。

だから、両方やっているとどちらの事情もわかって楽しさ倍増です。

実はこうした自分の考えを私なりに伝える仕事は、昔から好きでした。

好きなことは得意なことだった

ヴィド・グルニエって聞いたことありますか？

ヴィドは空っぽにする、グルニエは屋根裏収納庫という意味で、収納庫を空にする、つまりフリーマーケットという意味です。私の住んでいたパリ1区では、気候のいい時期に住民がこのヴィド・グルニエに出店できることになっていて、我が家も何度も出店しました。

私は子どもの頃からこのヴィド・グルニエが大好きで、そのたびに、使わなくなったおもちゃなどを売っていました。出品物がたくさんあるときは、テーマごとにきれいに並べてみたり、空き箱を使って立体的にディスプレイしてみたり。

私の売り物をほしがるのは私より小さな子どもが多かったけど、お金を払うのは子どもの親なので、**その親が買いたくなるようにおもちゃの説明をしたり、工夫が楽しかったです**。

もう少し成長してからは、アルバイトでもものを売ることを経験しました。たとえば、**死後のメッセンジャーサービスも売りました**。死をテーマにした展示会の販売スタッフとして私が売っていたのは、支払いが途絶えたら亡くなったと判断し、事前に準備していたメールなどを送付するというもの。

ほかにも、いろいろな場所でいろんなものを工夫しながら売っていました。すると、あるとき雇用主から「すごい、こんなに売れたの?」と驚かれたことがありました。私はそのときとても驚いて、初めて、**「実は私、売るのが得意なんだ」とわかったのです**。

この経験もあって、私は大学・大学院で経営学、なかでもマーケティングを学ぼうと思うようになりました。

発信すると応援者が増え、チャンスも巡ってくる

コンテンツクリエイターとしての仕事は、自分なりに表現できるのがとにかく最高です。

モデルとしてプロデュースされてきた経験もあるので、自分をプロデュースするという正反対の経験が、いっそう楽しく感じられるのだと思います。

そして、発信して初めてわかった楽しさもあります。それは、**応援してくれる人がいる**ということです。

私がSNSを更新すると、それを見てくれた人がたくさんコメントしてくれま

す。その内容は、共感だったり応援だったりがほとんどです。

そうした見てくれる人からの「頑張れる」「ハッピーになれた」といったコメントで、私も頑張れるし、ハッピーになれます。発信してよかったと思わせてくれるものです。

今は、いろいろなSNSがあります。動画中心、静止画中心、声、テキスト、いろいろです。メタバースも始まっています。そのうちの一番好きな、得意なものを選べばいいと思います。

テーマについても同じです。ファッション、メイク、料理、ペット、ライフスタイル、文学、映画などから、好きなもの、得意なものを選んで、自由に発信すれば、必ず反応があります。

その反応の大きさを、ほかの誰かではなく、発信する前の自分に対する反応と比べてみてください。

世界中に味方が増えたような気がするはずです。ネガティブなことを言われても、そういうことを言う人のことは気にしないのが一番です。

私がモデルの仕事をするようになったのもSNSがきっかけでした。

まだ18歳くらいのとき、フェイスブックに写真をアップしていたら「モデルに興味ありませんか？　テスト撮影しますよ」と誘ってきた男性カメラマンがいました。

今の私が当時の私を見ていたら「ダメ、クララ！　危ない！」と止めたと思います。

でも、その頃の私は無防備だったし、モデルの仕事をすれば、カフェなどでアルバイトをするよりも簡単に日本への留学費用が稼げるかもしれないと思って「まずはランチなら」と返事をしました。

そして会ったのが、とある有名カメラマンでした。彼は女性を撮影するのが得意で、アメリカの『VOGUE』や「ヴィクトリアズ・シークレット」などでも仕事をしていました。

ちょうど、彼が懇意にしているモデル事務所がパリでもモデルを探していたようで、フランス人の彼がその仕事を買って出たようでした。

初めて会ったとき、彼は私の写真を何枚か撮って「できると思うよ」と言いました。それで私はそのモデル事務所に所属して、モデルとしての仕事をするようになったのです。

フェイスブックに写真を載せていなければ、無防備に会ってみなければ、日本へ来るお金も稼げなくて、今の私はなかったと思います。

自分の価値観に合わない仕事はしない

私は「クララさんに任せたい」と依頼があった仕事には、いつも全力で取り組みたいと考えています。プロデューサーとしてもモデルとしても、ディレクターとしてもコンテンツクリエイターとしてもそうです。

ただ、やらないと決めている仕事もあります。
それは、私とは価値観の異なる仕事。

誰かのコンプレックスを刺激する仕事です。

たとえば、痩せればモテるというYouTube広告のモデルをやりませんかと言われたら、絶対に断ります。

私が日本に来たばかりの頃、一番驚いたのは、実はYouTubeの広告でした。それは、腕の脱毛をすすめるものでした。

なんで？　腕に産毛が生えているの、当たり前じゃない？

それのどこがいけないの？

そう思いました。でも、その広告は「産毛が生えているなんて、女のコ失格！」とか「それじゃ彼氏に振られる！」とも言っていました。

え？　関係なくない？

痩せればモテる、腕に産毛があったら女性らしくない、どちらも私の価値観とは一致しません。美白にすればモテるも同じです。

モテるとか失格とか、他人の目が絡まなければ理解できます。本人が、健康上の理由で痩せたいと考えていたり、産毛があるのが生活する上で邪魔だったりするのであれば、ケアするのがいいと思います。

でも、**コンプレックスと結びつけるのは最悪**だと私は思います。そんなことで、私はお金をもらいたくありません。

私が実際に断ったことがあるのは、歯を白くする歯磨き粉の仕事です。

そのときの商品は「歯が白くないと恋愛対象にならない」と、歯が白くない人のコンプレックスを刺激するマーケティング手法を取ろうとしていました。

たぶん、これまで私が書いた日本語のメールの中で一番長いものが、このとき書いたメールです。

どうして私がそういう仕事をしたくないかをバーッと書きました。

今思うと、マーケティング責任者ではなさそうな窓口の人にそんなメールを送るなんて、大人気なかったです。でもその窓口の人は、私の思いを理解してくれました。

私が外見とモテ、外見と恋愛を結びつけるような仕事を絶対にしたくないのは、それで苦しんでいる女性がいるからです。

きれいにならなくちゃとプレッシャーを感じ食事を制限したりして、体を壊してしまう人がいることを知っているからです。

私たちはもっとエフォートレスでいいと思います。そして、外見と恋愛とは無関係だと心から思っています。

だって、本当に愛している人がいたとして、その人の歯が真っ白じゃなかったら幻滅しますか？

もし幻滅するなら、それは最初から愛していなかったということです。

モデルの仕事についても同じです。

あと5キロ痩せないともらえない仕事はノーサンキュー。限界まで痩せたほうが美しいという考え方も私とは合わないからです。

複数の仕事をして、複数の収入源を持っているから、価値観の合わない仕事を断って、ストレスをためずヘルシーに働くことができています。

第6章 私らしく最高に幸せになるために

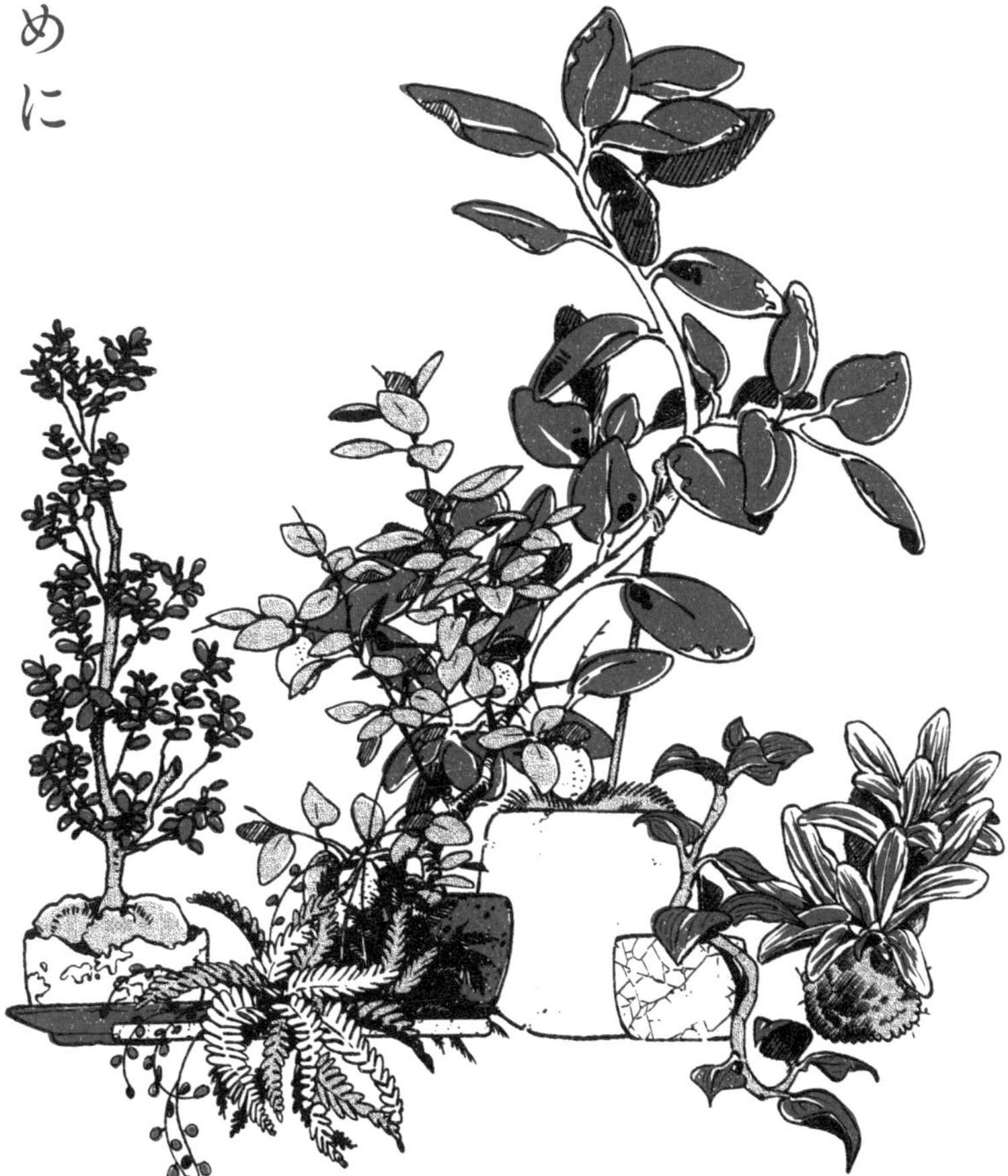

大きな大きな挑戦は人を変える

私が今住んでいる家は、フランスに帰った友達が住んでいた家です。

友達が帰国すると聞いて、だったら私が住みたいと思ったのですが、問題は家賃です。素敵な街にある素敵な部屋だから安いはずがありません。

聞いてみてびっくりしました。やっぱりというか、思っていたよりというか、とにかく高かったからです。

でも、と思いました。この部屋に住むために、ヘルシーなままモデルを頑張れる？　コンテンツクリエイターを頑張れる？　と自分に聞いてみました。

「頑張りたい」と、私の中の私は即答していました。

贅沢をしたいからではなく、ここに住むことが私への投資になり、私をもっと幸せにすると思ったからです。

そして今、私は大好きなこの部屋に住んで、仕事をして、動画を撮影しています。今のところ、家賃もきちんと払えています。「頑張りたい」と自分に答えてよかったと思います。

私は子どもの頃から、頑張るのが好きでした。**競うことも、やる気が湧いてくるので好きです**。でも、とてもシャイで緊張しやすいところもあって、プレッシャーに押しつぶされそうになったこともあります。

よく覚えているのは、高校生のときのこと。プレゼンのコンテストがあり、それに参加したのです。まずは学内の審査で4人までに選ばれると、学区の審査に進むことができ、そこで勝ち抜くとフランス代表になって国際大会に出られるのです。

とりあえずエントリーしました。テーマは自由だったので、もちろん日本をテーマにしました。

それまで私は15人のクラスで発表をしたことはあったけど、学校の講堂で全校生徒や校長先生の前で話をするのは初めてでした。とっても緊張しました。直前にトイレで戻してしまうほど、胃が痛くもなりました。

でも、そこで勇気を振り絞って発表をしたことで、そのあと、クラスで発表するのは平気になりました。

大きな大きな挑戦をしたら、それまで少し緊張していた場面で、全然、緊張しなくなったのです。

できなかったことができるようになるって、自分が変わるってこういうことなんだなとわかりました。

日本へ行こうと思ったのも、一人で日本に行って楽しめたら、私の人生、もっともっと、いろいろなことができるようになると思ったからです。

小さな輝きが集まれば強い武器になる

モデルを始めたばかりの頃、苦しんでいたことはすでに書きました。全然仕事がなかったこと、体をいじめるようなダイエットも辛かったけど、今振り返ると、一番辛かったのは、私なりの工夫ができなかったことだと思います。

パリで活躍しようとしたらとにかく痩せてボディサイズを小さくしなくてはいけなくて、別の方法を選べなかったのが辛かったのです。

私は、やりたいことがあって、でも、与えられた方法では叶いそうにないときは、いつでも別の方法を探してきました。

大学に入るときもそうでした。

パリで私の通った大学は、入試で数学の点数が重視される大学でした。でも、私は数学が苦手。だから数学には人一倍時間をかけて勉強しましたが、それだけでは合格できるかわかりません。

そこで、ほかの人より得意だった語学をもっともっと磨こうと、ドイツ語もスペイン語も勉強して「数学はまあまあだけど語学はイケてる」受験生を目指しました。そして実際に「こういう受験生も合格させていい」と思ってもらえたのか、無事、志望大学に合格できました。

得意なことをもっと得意にすることで、私は認めてもらえたのです。

なにかひとつを究めなくても、そこそこ得意なことをいくつか持っていれば、なにかひとつを究めた人と同じチャンスが得られることもあるということを、私はこのときに知っていたはずです。

そして、今、私がしていることはこれとまったく同じです。

仕事をひとつに絞ってそこでのトップを目指そうとはしていなくて、いくつかの好きな仕事をどれも無理なく頑張っています。

どれも完璧じゃないけど、でも、そんなにひどくもないと自分では思っています。

それは、私の日本語に似ているかもしれません。

私は日本で生まれ育った人のようには日本語を話せません。読んだり書いたりには結構、時間がかかります。

日本で作家やアナウンサーになることはできないでしょう。作家のわりには、アナウンサーのわりには日本語が下手だからです。

でも、フランス人のわりには、どうですか？

こういった「〜のわりには、できる」ことは、武器になります。**そして武器は1つより2つ、2つより3つのほうが、持ち主を強くしてくれます。**

ジュエリーに似ています。

ピアス、リング、ネックレス。どれも可愛らしくて、大きな石がドーンと輝くアクセサリーに比べると存在感が小さいけれど、出かける前に一つひとつを身につけることで、**すべてが私を守ってくれるように思えて、強くいられます。**

大きな石のついたリングを持っている人は、その素敵な輝きを自信にすればいいと思います。

でも私は、アクセサリーの小さな輝きを集めて、それらを身につけることで勇気を持てています。

輝くまでの時間も思いっきり楽しんで

日本語で仕事ができるようになりたい。

この夢を叶えるため私は頑張りました。気が乗らない日もあったけれど、1週間に20時間勉強すると決めて、それを一日あたりに計算し直して、少しずつ少しずつ、できることを増やしていきました。

言葉だけでなく文化も学び、知らなかったことを知るたびに、学んでいくことが楽しくなりました。たぶん、日本語や日本の文化だけでなく、ほかのことも私は少しずつ少しずつ、上手になってきたような気がします。

たとえば、私自身を大切にすること。**私を傷つける人はすぐにゴミ箱に捨てる**

こと。

たとえば、食事。体がよろこぶ美味しいものだけを食べること。**極端なダイエットはしないこと**。

たとえば、新しいことの始め方。**もうプランCやプランDは用意しません**。うまくいかないことがあっても、私なら大丈夫と思えるようになったからです。最初は思い切ってやってみて、やってみたことから学んで、次のときは新しい工夫をして、それを繰り返しているうちに、自然とできるようになってきました。

ときにはもう思い出したくないような失敗もしたけれど、それをいつまでも悔やんでいたら、時間がもったいない。**明日は失敗しないようにしようと決めて、ぐっすり眠ったら、新しい一日が始まります**。

私が今、できていることのほとんどは、あるとき急にできるようになったわけではありません。そうなりたいと思い、一日1時間勉強して、少しずつステップを踏んできました。振り返ると、そのステップが長い長い道になっていました。

新しい景色を見るべく挑戦したいこと

近々、新しい仕事を始めます。これまでの経験を活かして、自分で会社を経営しながら、新しい仕事にチャレンジするのです。今は、そのビジネスのための会社をつくれるビザの発給を待っているところです。

会社をつくりたい理由は、**会社をつくって経営したことがないからです**。それがどういうことなのか経験してみたいのです。

そして、**まだやったことのないことをしてみたい**、**まだ見たことのない景色を見てみたい**。私になにか新しいことをさせるのは、いつもそうしたワクワクした気持ちです。

ただ私にも、新しいことをするなんて考えられなかった時期がありました。心も体も疲れ切っていて、先のことはもちろん、その日一日のことにも前向きになれませんでした。

そんなときは、**私を傷つける存在を遠ざけながら、好きなことを考えて、そのために使う時間を少しずつ増やしていきました。**

私にとって、その好きなことは日本文化に触れること、日本のことを調べること。そうやって好きなことを考える時間が長くなると、私は少しずつ癒やされて、新しいことをやってみよう、見たことのない景色を見てみようと思えるようになりました。

今も、ヘルシーだから前を見て、将来のことを考えていられます。

会社をつくったらどんなことをしようか、ヨガやベリーダンスの最中に考えるのが日課になっています。

SNS上でも「完璧なふり」はしない

SNSを更新すると、見てくれる方、コメントしてくれる方がいることは、とてもとても励みになっています。

みんなのいろいろな考えに触れられるのもうれしいし、発信してきてよかったなと思います。この2年くらい、再生回数という数字やコメントという文字を通じて見てくれる方の存在を感じてきました。

そういった方々に実際に会う機会もありました。

これまでアトリエルージュの仕事で4回、ポップアップストアに参加したことがあります。すると、「クララさんに会いたかったので」と、わざわざ遠くから来てくれる人もいます。

最初はとてもびっくりして、でもすぐにうれしくなりました。

同い年くらいの女の人が多いけれど、家族で見てますと言ってくれる人がいたり、恥ずかしがって隠れようとする彼女を「せっかく会いに来たんだから話しかけておいで」と励ます彼がいたり、私はこういう素敵な方々に応援してもらっていたんだなと実感できます。

だから、私は応援してくれる方々に嘘はつきたくないです。つまり、完璧なふりをしたくないです。

SNSでは服であふれそうなクローゼットもそのまま映すし、シワのついた服を着ることもあるし、肌が荒れていても加工しないし、料理の盛り付けもいつも通り。もちろん、加工して目を大きく見せたり歯を白くしたりもしません。

本当に思っていることを言うし、していないことをしているとは言わない。

だから、変なことを言ったりもしているので、**全日本人から愛されるフランス人ではないことは自分でもわかっています**。

でも、そんな変な私の価値観に共感してくれる人がいることがうれしいです。

そもそも、私は完璧ではないです。

それなのに、もし私が嘘をついて撮影のときだけ完璧にしていたら、それは見ている人を苦しめてしまいます。こんな風に完璧にしなきゃいけないんだと、プレッシャーになるでしょう。

私は、私のコンテンツを楽しんでくれる人にそういう辛い思いをしてほしくないです。

完璧を装った私と比べることで、「あんな風にちゃんとしなきゃ。それに比べて私はできていないダメな人間なんだ」なんて、**自分にがっかりしないでほしいです**。

ありのままの私を見てもらって「なんだ、これでもいいんだ」と思ってもらいたいです。

それに、完璧なふりをしていたら、「動画ではいつも肌がピカピカなのに……」と、私に実際に会いに来てくれる人をがっかりさせてしまうことにもなると思います。

それは、したくありません。

自分を活かせる場所は絶対にある！

私の背中から腰にかけては、タトゥーが入っています。

日本ではタトゥーを入れる文化があまり浸透していないこと、タトゥーが入っていると楽しめる温泉が限られることを知らない頃に入れたタトゥーです。

最初に入れたのは、17歳のとき。

そうです、私があまりヘルシーじゃなかった時期です。このままこの場所で終わりたくないという思いと、絶対に日本に行きたいという思いを込めて「いつも道が見つかります」という言葉を入れました。日本語で。

今は見渡す限り真っ暗でどこにも道が見つからないと思っても、プランAでもプランBでもプランCでもダメでもうプランはないと思っても、絶対に、絶対に、道は見つかる。そこを歩いて遠くまで行ける。

そのことを忘れないように入れました。それから約10年が経って、**今は、道が見つからなければつくればいいとまで思えるようになりました。**

次は日本に来たあと、ウエストの左のほうから背中にかけて、登る鯉を入れました。

日本の人はよく知っていると思うけど、鯉は滝を登り切ると龍になると言われています。頑張って目標を達成すれば、夢は叶うというその考え方が好きで、私を「毎日元気に頑張って」と励ますつもりで入れました。

そして、蛸。これも一旦留学を終え、フランスに戻り、再び日本に来てから入れました。

蛸を選んだのは、まず、葛飾北斎が作品のモチーフとしていて美しいなと思っていたのと、賢い蛸にあやかりたいと考えたからです。

蛸は、とっても頭がいい生き物です。どこかへ閉じ込めていても、ほんの少しの隙間を見つけて脱走します。

2016年にはニュージーランドの水族館から逃げた蛸が、自力で海に帰ったこともあります。

その生命力、突破力が私もほしいと思って、それで蛸を入れました。

この3つのタトゥーは、私のお守りであり覚悟です。

これからも鯉のように蛸のように、いつでも私が力を発揮できる場に続く道をつくって、そこを歩き、人生を冒険し続けたいと思っています。

おわりに

フランスにいた頃、私はフランス語に訳された日本の本を読みながら、異なる文化や風習・慣習に触れ、それを真似ることを楽しんでいました。そうすることで、パリという狭いエリアで暮らしながら、まだ見ぬ世界に思いを馳せつつ、次第に日本を実際に見てみたい、と思うようになりました。

フランスが好きだけど、日本にも興味がある。パリに住んでいるけれど、東京にも住んでみたい。そうした好奇心を持ち続けられるように、エフォートレスにヘルシーな毎日を整えていく中で、今の幸せがあります。

私は東京の表参道や谷根千（谷中・根津・千駄木）、京都、パリ4区のおしゃれストリート・マラリス、セーヌ川に浮かぶ島・シテ島のことも大好き。**どちらかだけではなく、どちらも好きでいられるなんて、日本とフランスのいいとこ取りをしているなと思っています**。それもすべて、私を受け入れてくれている日本と日本の方々のおかげです。ありがとうございます。

それから、大好きな親友のすみちゃん。私にとって初めてのこの本のイラストを描いてくれた新井すみこさんにも感謝しています。とても素敵な本になったのは、すみちゃんのおかげです。

フランスにいるパパとニコちゃん（弟）もよろこんでくれています。

そして、この本を手に取ってくれた一人ひとりにも「ありがとう」と、できれば直接会って伝えたいです。この本を読む前に比べて、心が元気になっていたらいいなと思います。

2023年9月　大好きな日本とパリから

クララ

巻末特典！クララのお気に入りリスト、本邦初公開♡

LES CHOSES QUE KLARA AIME

●書籍 —— BOOK

『源氏物語』紫式部 著
『枕草子』清少納言 著
『春の雪』三島由紀夫 著　新潮社
『陰翳礼讃』谷崎潤一郎 著　日本評論社
『サピエンス全史』ユヴァル・ノア・ハラリ 著　河出書房新社
『ホモ・デウス』ユヴァル・ノア・ハラリ 著　河出書房新社
『21世紀の人類のための21の思考』ユヴァル・ノア・ハラリ 著　河出書房新社
『悪の華』シャルル・ピエール・ボードレール 著　新潮文庫
ティム・ウォーカー（イギリスの写真家）、ピーター・リンドバーグ（ドイツの写真家）、サラ・ムーン（フランスの写真家）の写真集

●子どものときに好きだった書籍 —— CHILDHOOD BOOK

『アバラット』クライヴ・バーカー 著　ソニー・マガジンズ
『マチルダは小さな大天才』ロアルド・ダール 著　評論社
『魔女がいっぱい』ロアルド・ダール 著　評論社
『Oh, Boy!』マリー・オード・ミュライユ 著
『Simple』マリー・オード・ミュライユ 著
『シャイニング』スティーヴン・キング 著　文春文庫
『ミザリー』スティーヴン・キング 著　文春文庫

●映画 —— MOVIE

『善き人のためのソナタ』（2006）監督 フロリアン・ヘンケル・フォン・ドナースマルク／配給 アルバトロス・フィルム
『パンズ・ラビリンス』（2006）監督 ギレルモ・デル・トロ／配給 CKエンタテインメント
『東京物語』（1953）監督 小津安二郎／配給 松竹
『インディ・ジョーンズ　魔宮の伝説』（1984）監督 スティーブン・スピルバーグ／配給 CIC
『街の灯』（1931）監督 チャールズ・チャップリン／配給 KADOKAWA
『トゥルーマン・ショー』（1998）監督 ピーター・ウィアー／配給 UIP
『シェルブールの雨傘』（1964）監督 ジャック・ドゥミ／配給 ザジフィルムズ、ハピネット
『もののけ姫』（1997）監督 宮崎駿／配給 東宝
『バイオハザード』（2001）監督 ポール・W・S・アンダーソン／配給 アミューズピクチャーズ
『アイ・アム・レジェンド』（2007）監督 フランシス・ローレンス／配給 ワーナー・ブラザース映画
『死霊のはらわた』（1981）監督 サム・ライミ／配給 ヘラルド
『シャイニング』（1980）監督 スタンリー・キューブリック／配給 ワーナー・ブラザース映画
『グランド・ブダペスト・ホテル』（2013）監督 ウェス・アンダーソン／配給 20世紀フォックス映画
『アダムス・ファミリー』（1991）監督 バリー・ソネンフェルド／配給 コロンビア・トライスター
『セブン』（1995）監督 デビッド・フィンチャー／配給 ギャガ・ヒューマックス
『火垂るの墓』（1988）監督 高畑勲／配給 東宝

●ドラマ＆アニメ —— DRAMA & ANIME

『舞妓さんちのまかないさん』Netflix
『大豆田とわ子と三人の元夫』関西テレビ放送
『LOST』ABC
『ブレイキング・バッド』ソニーピクチャーズ
『ウォーキング・デッド』FOX
『ゲーム・オブ・スローンズ』HBO
『X-ファイル』FOX
『ウエストワールド』HBO
『デクスター 警察官は殺人鬼』Showtime

『ビッグ・リトル・ライズ』HBO
『ジ・オフィス　US』NBC
『ザ・シンプソンズ』FOX
『フューチュラマ』FOX
『フリーバッグ』Amazon Prime Video

●尊敬する人 ———— ESTEEMED

パパ、ニコちゃん、すみちゃん

●花 ———— FLOWER

ダリア
グラジオラス
カーネーション
ライラック
睡蓮
桜
ピオニー
アザレア
アネモネ
ポピー
ランタナ
バラ

●動物 ———— ANIMAL

蛸
鯉
飼うなら猫より犬

●色 ———— COLOR

赤
ネイビーのグラデーション
黒
ベージュ

●言葉 ———— WORD

木漏れ日
花火(とてもポエティックで好き)
完了
完成
達成
気配り(フランス語になく、とても素敵なコンセプト)

●音楽 ———— MUSIC

シャーロット・カルダン
アンジェル
ストロマエ
藤井風

●画家 ———— PAINTERS

クロード・モネ
アンリ・マティス
フィンセント・ファン・ゴッホ
グスタフ・クリムト
ピエール・オーギュスト・ルノワール

●パリ(クララのオフィシャルな地元) ———— PARIS

マレ地区
シテ島
ポンヌフ
フォーブール・サン゠トノレ通り

●自然 ———— NATURE

海より川が好き
冬の山より夏の山
屋久島
山口

●場所 ———— PLACE

表参道の定食屋
伊勢丹
谷根千
表参道
自宅
関西(特に京都)

●コスメ ———— COSMETIC

ラ ロッシュ ポゼ(スキンケア)
NARS
MAC
Hermès beauty

Klara Blanc（クララ・ブラン）
パリ生まれ、パリ育ち、日本在住。日・英・仏の３ヶ国語を操るトリリンガル。パリ・PSL 大学にて経営学を学ぶ。19 歳のときに大好きな日本へ留学。大学院修了後はルイ・ヴィトンの本社にて勤務し、デジタルコミュニケーション部でソーシャル・Web などのコンテンツ制作のプロジェクトマネージメントを担当。現在は、広告代理店にてビューティ、ファッション、ラグジュアリーを中心にアカウントディレクター兼プロデューサーとして活躍中。2021 年にジュエリーブランド「アトリエルージュ」を発表。岐阜県美濃焼職人による手仕事と、フランス・ミニマリストの美学の融合により国境・文化を超え、あらゆる世代を魅了している。

YouTube	クララ ブラン・Klara Blanc
TikTok & Instagram	@klara_blanc
Jewelry Brand	@atelier_rouge_

フランス人《じん》だけが知《し》っている「我慢《がまん》」しない生《い》き方《かた》
世界《せかい》で一番《いちばん》、自分《じぶん》のことを大切《たいせつ》にできる秘訣《ひけつ》

2023 年 9 月 5 日　初版発行
2023 年11月30日　３版発行

著　者／クララ・ブラン
発行者／山下直久
発　行／株式会社 KADOKAWA
〒 102-8177　東京都千代田区富士見 2-13-3
電話 0570-002-301（ナビダイヤル）
印刷所／TOPPAN株式会社
製本所／TOPPAN株式会社

●お問い合わせ
https://www.kadokawa.co.jp/（「お問い合わせ」へお進みください）
※内容によっては、お答えできない場合があります。
※サポートは日本国内のみとさせていただきます。
※ Japanese text only
定価はカバーに表示してあります。

ISBN 978-4-04-606242-0　C0095

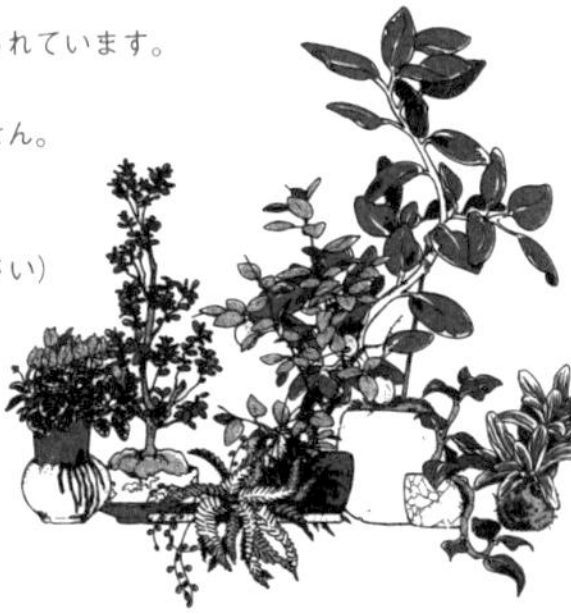